CALGARY PUBLIC LIBRARY

JUL -- 2016

D0803267

LRF

las recetas
DE LA
felicidad

LRF

las recetas
DE LA
felicidad

SANDRA MANGAS

GIROL SPANISH BOOKS
P.O. Box 5473 Stn. F
Ottawa, ON K2C 3M1
T/F 613-233-9044 www.girol.com

LRF

las recetas DE LA felicidad

SANDRA MANGAS

EL PAIS
AGUILAR

Las recetas de la felicidad

© 2013, Sandra Mangas (texto y fotografías de las recetas)
www.larecetadelafelicidad.com

© 2013, para la presente edición:
Santillana Ediciones Generales, S.L.
Avenida de los Artesanos 6,
28760 Tres Cantos, Madrid
Tel. 91 744 90 60. Fax 91 744 90 93
www.elpaisaguilar.es

Coordinación editorial: Diana Acero Martínez
Edición: Marta Bravo
Ayudante de edición: Ana Montes del Río

Dirección técnica y de diseño: Víctor Benayas
Coordinación técnica: Victoria Reyes
Diseño: Beatriz Rodríguez
Diseño logo "LRF": Meisi
Maquetación: M. García y J. Sánchez
Fotografías de la autora: LightUp Estudios Fotográficos
Maquillaje: Silvia Carceles Magro

Primera edición, octubre 2013
Segunda edición, octubre 2013

ISBN: 978-84-03-51305-1
Depósito legal: M-22388-2013
Impreso y encuadernado en España - *Printed and bounded in Spain*

Cualquier forma de reproducción, distribución, comunicación pública o transformación de esta obra solo
puede ser realizada con la autorización de sus titulares, salvo excepción prevista por la ley. Diríjase a CEDRO
(Centro Español de Derechos Reprográficos) si necesita fotocopiar o escanear algún fragmento de esta obra
(www.conlicencia.com; 91 702 19 70 / 93 272 04 47)

A todos los lectores de
La Receta de la Felicidad.
Sin vosotros este libro
no hubiese sido posible.

Contenidos

Introducción

Siempre, desde que era una niña, he tenido dos sueños: ser cantante, y escribir un libro. Por suerte para vuestros oídos, se ha cumplido el segundo y únicamente tenéis que sufrir a los cantantes de la canción del verano.

Siendo sincera, nunca pensé que sería un libro de cocina. De hecho, mientras escribo estas líneas, todavía hay una vocecita en mi cabeza que no se lo cree, "¿un libro de cocina?, ¿tú?". Porque es mi deber informaros que os habéis comprado (si te lo has descargado ilegalmente se te cortará la mayonesa durante 7 años) un libro de recetas escrito por una persona que la primera vez que preparó un simple arroz blanco lo removió durante 20 minutos sin parar, logrando incrementar la musculatura de su brazo y crear al mismo tiempo un engrudo incomestible. Y que la primera vez que preparó cocido obtuvo un mejunje negruzco después de tener una morcilla cociendo tres horas… Vamos que, durante casi toda mi vida, más que preparar recetas podría decirse que las perpetraba.

Nadie nace sabiendo y por fortuna, cualquiera puede aprender a cocinar. ¡Incluso yo! Y, además, disfrutar muchísimo compartiendo lo que ha aprendido con los demás. Mi mayor ilusión sería que todos los que se sienten especialmente ineptos en la cocina, como yo me sentí durante muchos años, se animasen a cocinar gracias a este libro. Cocinar es un acto de amor, y eso explica que las croquetas de tu madre sean siempre las mejores. Y va más allá de los sentidos habituales, vista, olfato, oído, tacto y gusto. También tiene que ver con la emoción, con la sorpresa, con el humor… De eso tratan las recetas que tienes entre manos.

Sandra

Consejos

1...... En general, la **temperatura ideal para hornear bizcochos y galletas** es de 180º, en la parte media del horno, con calor arriba y abajo. Esto es orientativo y deberemos vigilar la primera vez que preparemos una receta para identificar el tiempo ideal en nuestro horno. Aunque no se menciona en ninguna de las recetas, se debe apagar el horno una vez hemos terminado de utilizarlo.

2..... Para que las **galletas** nos queden **perfectas al cortarlas** y mantengan la forma durante el horneado lo ideal es congelar la masa.

3...... **Estiramos con el rodillo las masas para galletas o masas quebradas** entre dos láminas de papel vegetal; así nos evitaremos enharinar la encimera y el acabado de las galletas será mejor.

4...... Al **hornear galletas o masas de bollería** suelo usar un truco para que no se queme la base y queden uniformes: utilizo dos bandejas de horno juntas.

5...... En las recetas de **bizcochos y magdalenas** "blanqueamos" los huevos para airear la masa y conseguir más esponjosidad. Para hacer esto, batimos los huevos a alta velocidad con un batidor eléctrico de varillas hasta que tripliquen su volumen y se vuelvan de color blanquecino.

6...... Los **panes y bizcochos** congelan muy bien, y en el caso de los panes es la manera ideal de conservarlos. Para descongelarlos, lo mejor es hacerlo a temperatura ambiente. Para los panes, además, lo ideal es darles nuevamente un toque de horno. Si se trata de piezas pequeñas de bollería pueden descongelarse además en el microondas programando unos 20-30 segundos.

7...... **Bizcochos y galletas** pueden conservarse hasta una semana guardados en un lugar fresco dentro de un recipiente hermético, poniendo una trampa para ratones para que nadie meta la mano. Si, en los bizcochos, usamos aceite en lugar de mantequilla, se conservarán más tiempo esponjosos.

8...... La **cocción de los bizcochos** se comprueba pinchándolos con una varilla, que debe salir totalmente limpia. Para comprobar la cocción de los panes podemos golpear la corteza con los nudillos; esta deberá estar crujiente y el interior sonar hueco.

9...... Siempre que vayamos a **cubrir un postre con chocolate** nos facilitará mucho la tarea usar un poco de manteca de cacao, que hace que el chocolate se vuelva más líquido, facilitando el proceso y logrando acabados más perfectos.

10..... Para **fundir el chocolate** en el microondas (suelo hacerlo por comodidad) troceo el chocolate y lo pongo en un cuenco apto para microondas. Programo 30 segundos. Paro y remuevo. Vuelvo a programar otros 30 segundos y remuevo, y así hasta que esté casi disuelto. Termino de disolver usando el calor residual, removiendo hasta que el chocolate esté completamente fundido y homogéneo.

Herramientas e ingredientes básicos

Herramientas

...... **Rasqueta de panadero:** sirve para trabajar masas pegajosas y es baratísima (un euro la de plástico), muy fácil de limpiar y muy versátil. Incluso sirve para rascarte la espalda.

...... **Batidor de varillas eléctrico:** realmente se puede funcionar sin él, batiendo a la manera tradicional (a mano), pero ahorra muchísimo tiempo y trabajo.

...... **Moldes para hornear:** personalmente prefiero los metálicos a los de silicona. Antes de hornear debemos preparar el molde untándolo con mantequilla y enharinándolo ligeramente.

...... **Papel de hornear:** sirve para que no se peguen las masas al hornearlas o al estirarlas. Colocado en moldes permite desmoldar con gran facilidad.

...... **Manga pastelera:** puede sustituirse por una bolsa de congelación a la que cortaremos una esquinita.

...... **Moldes para magdalenas:** si son de papel, es conveniente combinarlos con algún tipo de molde rígido para que la masa no se expanda hacia los lados en el horno.

...... **Espátulas:** tienen diversas utilidades. No son imprescindibles pero sí muy útiles.

Ingredientes básicos

...... **Azúcar:** si no se especifica nada, se trata de azúcar blanco granulado.

...... **Huevos:** si no se especifica nada, de tamaño M. Suelen usarse SIN cáscara.

...... **AOVE:** aceite de oliva virgen extra. Está muy bueno, pero se tarda mucho en decirlo.

...... **Harina de fuerza:** Aunque suena muy bien, no te da superpoderes y no hace falta ser galo para conseguirla. Se trata de harina especial para preparar panes y bollería.

...... **Cacao puro en polvo:** no confundir con los preparados de cacao soluble en leche. No lleva nada más que cacao, ni siquiera azúcar. Es amargo y de sabor potente.

...... **Mantequilla en pomada:** mantequilla blanda, a temperatura ambiente.

...... **Levadura química y levadura de panadería:** la primera desarrolla su labor en el horno, con temperatura elevada y se usa con bizcochos y galletas. La segunda hace crecer las masas a temperatura ambiente. Además, puede ser fresca o seca, y se usa con panes y bollería. En general, en cualquier receta de este libro se puede sustituir 5 g de levadura seca de panadería por 15 g de levadura fresca.

...... **Claras de huevo pasteurizadas:** muy cómodas de usar. Te dan la seguridad de que están pasteurizadas cuando las vas a usar en crudo, y además no te quedan yemas danzando por el frigorífico.

...... **Flores comestibles:** de sabores delicados y con un gran impacto visual. Verificad antes que se trata de flores comestibles, ya que no todas lo son.

Recetas dulces

Espuma de fresa

Puedes preparar este postre con gelatina de cualquier sabor y optar por una versión más ligera sustituyendo parte de la nata por yogur.

Ponemos a hervir el agua en un cazo. Cuando hierva añadimos la gelatina y removemos hasta que esté totalmente disuelta. Dejamos enfriar un poco, hasta que empiece a tomar cuerpo, pero sin que llegue a estar cuajada del todo.

Ponemos la nata muy fría con el azúcar en un bol amplio y batimos con un batidor de varillas eléctrico a alta velocidad hasta montar la nata. Debemos tener cuidado de no batir demasiado la nata o se volverá granulosa porque empieza a convertirse en mantequilla.

Aparte, batimos la gelatina hasta que esté espumosa, añadimos la nata montada y mezclamos con cuidado con ayuda de una espátula, para que no pierda aire. Repartimos la mezcla en vasitos y dejamos enfriar como mínimo una hora. Si lo deseamos, podemos añadir unas fresas cortadas mezcladas con azúcar y limón en el fondo de los vasos.

* Consejo: Si quieres un rosa más intenso, añade unas gotas de colorante rosa al preparar la gelatina.

Ingredientes para 8 vasitos:

- 200 ml de agua
- 1 sobre de gelatina de fresa (85 g)
- 350 ml de nata, muy fría
- 4 cucharadas de azúcar

Para decorar (opcional): colorante rosa

Bigotes de chocolate

Piruletas de chocolate con forma de bigote.
¡Nunca la depilación fue tan divertida!

Comenzamos fundiendo el chocolate al baño María o en el microondas. Para fundirlo en el microondas, troceamos el chocolate, lo ponemos en un bol apto, lo introducimos en el microondas y vamos programando de 30 en 30 segundos, removiendo cada vez, hasta que esté casi fundido. Retiramos el bol del microondas y terminamos de deshacer removiendo con una cuchara hasta obtener una crema lisa y homogénea. Para fundir el chocolate al baño María, ponemos a calentar agua en una olla. Troceamos el chocolate, lo introducimos en un bol y lo colocamos dentro de la olla (con mucho cuidado, no debe caer ninguna gota de agua en el chocolate). Dejamos unos minutos y removemos hasta que esté totalmente disuelto.

Pasamos el chocolate a un biberón de repostería con ayuda de un embudo y lo colocamos en una bolsa de congelación a la que cortaremos la puntita. Buscamos una plantilla de bigote en Internet y la imprimimos. Colocamos la plantilla en la zona donde vayamos a trabajar (mejor una zona fría de la casa) y ponemos encima un papel de hornear y un palito de brocheta en la parte central del bigote. Con ayuda del biberón dibujamos los bordes del bigote y a continuación rellenamos. Dejamos que el chocolate se endurezca a temperatura ambiente o en frigorífico.

Ingredientes para unos 12 bigotes:

- 250 g de chocolate para fundir
- Palitos de brocheta o de piruleta

Equipamiento (opcional): biberón de repostería

Terrones de azúcar

Esta receta la tienes que preparar. Sí, tú también, que un día leíste "Sal" en un bote en la cocina y no la volviste a pisar… Tienes que probar a elaborar tus propios terrones de azúcar en casa, verás qué sencillo ¡y qué éxito tienes!

Colocamos una lámina de papel de hornear sobre la superficie de trabajo.

En un bol ponemos el azúcar con la cucharada de agua y removemos bien, hasta que esté bien mezclado. Si queremos dar color y aroma a nuestros terrones de azúcar, en lugar de agua podemos usar una cucharada de agua con infusión de frutos rojos o añadir unas gotas de colorante.

Introducimos el azúcar humedecido en los moldes que hayamos elegido, apretando bien para que no queden huecos. Retiramos el exceso de azúcar con un pincel. Giramos el molde con un movimiento rápido y desmoldamos inmediatamente los terrones sobre el papel de hornear que habíamos preparado previamente. Dejamos los terrones sin moverlos durante una hora. Pasado este tiempo, comprobamos que estén bien secos (si no, los dejaremos un poco más), y ya están listos para usar. Se conservan varios meses en un recipiente hermético.

Ingredientes para unos 24 azucarillos:

- 220 g de azúcar
- 1 cucharadita de agua
- 1 infusión de frutos rojos (opcional)

Equipamiento: moldes de cubitos de hielo, moldes para bombones…

Buñuelos de manzana

De los buñuelos de viento se dice que cuando te comes uno sacas un alma del Purgatorio. Con esta versión sencilla de la receta estoy en posición de afirmar que he salvado a más de un pueblo. Y es que la combinación de masa calentita con manzana y salsa de caramelo salado es irresistible.

Pelamos la manzana y con un vaciador de melón sacamos bolitas (salen unas 10 por manzana, dependiendo de su tamaño). No es necesario que sean perfectas. Ponemos una sartén con bastante aceite a calentar a fuego vivo, donde freiremos posteriormente los buñuelos. Estiramos la lámina de hojaldre y vamos cortando círculos (con un cortador de galletas o un vaso pequeño) de diámetro ligeramente superior a nuestras bolitas de manzana. Envolvemos cada bolita en un trozo de masa y damos forma redonda con las manos. Cuando el aceite esté caliente, freímos las bolitas por tandas a fuego medio, para que la manzana se cocine un poco. Cuando los buñuelos estén doraditos, los retiramos de la sartén y los dejamos sobre papel de cocina para retirar el exceso de aceite. Si lo deseamos, rebozamos los buñuelos en azúcar (o azúcar y canela, opción recomendable si no vamos a preparar la salsa de caramelo).

Para preparar la salsa de caramelo, ponemos en un cazo mediano 200 g de azúcar a fuego medio y lo dejamos hasta que se forme un caramelo dorado. Añadimos la nata, la sal y la mantequilla (cuidado, porque el caramelo borboteará) y removemos hasta obtener una crema de la consistencia deseada. Aunque al principio el caramelo se solidifique un poco al añadir la nata, solo hay que seguir removiendo para que se disuelva totalmente. Retiramos del fuego y dejamos enfriar antes de servir (al enfriar se vuelve bastante más espeso).

Ingredientes para 4 personas:

Para los buñuelos:
- 1 manzana
- 1 lámina de hojaldre
- Azúcar para rebozar (opcional)
- Aceite para freír, de sabor neutro

Para la salsa de caramelo salado:
- 200 g de azúcar
- Una pizca de sal
- 200 ml de nata
- 2 cucharadas de mantequilla

Bolas de nieve

Desde pequeña me han encantado las bolas de nieve: no las que se tiran a la cocorota, sino esas esferas llenas de agua, con escenas en miniatura sobre las que cae lentamente la "nieve". Así que en este libro no podía faltar la versión gastronómica de este juguete, una idea que nos permitirá presentar cualquier postre en Navidad.

Mezclamos todos los ingredientes de las galletas con las manos (o con un robot de cocina) hasta obtener una masa homogénea. Formamos una bola y la dividimos en dos partes. Estiramos cada porción entre dos láminas de papel de hornear con ayuda de un rodillo, hasta dejarla muy fina (de 3 a 5 mm de grosor). Cortamos con un cuchillo afilado las distintas partes de la casita de jengibre. Para cada casa necesitaremos: dos alas de tejado, parte delantera y trasera, dos paredes laterales y una pequeña chimenea. Lo más sencillo es buscar en Internet una plantilla, imprimirla en cartulina y recortarla. Depositamos las galletas con cuidado sobre una bandeja de horno forrada con papel de hornear y las dejamos reposar en el frigorífico mientras precalentamos el horno a 170º. Horneamos las galletas unos 10 minutos, las sacamos del horno, las dejamos reposar 5 minutos y la depositamos sobre una rejilla para enfriar.

Preparamos la glasa que servirá de pegamento para las partes de las casas. Batimos el azúcar y la clara de huevo con un batidor eléctrico de varillas hasta que esté muy firme (al coger la glasa con una cuchara no cae). Pasamos la glasa a una manga pastelera equipada con una boquilla pequeña y pegamos las distintas partes de la casa. Para unir las paredes de la casa, apretamos y dejamos secar la glasa unos segundos. Al finalizar, dejamos las casitas sin mover varias horas para que terminen de secarse.

Ya solo nos queda decorar el postre que hayamos elegido. Usaremos nata montada, azúcar glas, coco o chocolate blanco rallado para crear un efecto "nevado" en la superficie. Colocamos la casita de jengibre encima y espolvoreamos con un poco de azúcar glas y/o coco rallado el tejado. Finalizamos cubriendo el conjunto con el vaso en forma de globo.

Ingredientes para 6-8 casitas:

Para las galletas en forma de casita de jengibre:
- 350 g de harina
- 125 g de mantequilla fría, cortada en cuadraditos
- 100 g de miel de caña (melaza) o miel normal
- Una pizca de nuez moscada molida
- Una pizca de clavo molido
- Una pizca de jengibre molido
- 1 cucharadita de canela
- 100 g de azúcar
- 1 huevo mediano

Para la glasa:
- 200 g de azúcar glas
- 1 clara de huevo pasteurizada

Para la decoración:
- Azúcar glas, coco rallado o nata montada
- Vasos con forma de globo

Galletas con rosas

Hace ya muchos años (¡no tantos, que soy joven!) le dije a un novio que tenía: "¿Por qué nunca me has comprado flores?". A lo que él me respondió: "¡Porque no sabía que vendieras!". Desde entonces me hago las flores yo misma, y luego me las como.

Comenzamos preparando las galletas. Mezclamos todos los ingredientes con las manos o con un robot de cocina, hasta obtener una masa homogénea. Formamos una bola y la dividimos en dos. Estiramos cada una de las porciones entre dos láminas de papel de hornear con ayuda de un rodillo, hasta dejarlas muy finas (de 3 a 5 mm de grosor). Llevamos las láminas de masa de galleta al frigorífico durante un par de horas o las dejamos en el congelador media hora para facilitar el proceso de cortado. Sacamos las láminas y cortamos con un cortador redondo. Colocamos las galletas sobre una bandeja y volvemos a llevarlas al congelador al menos 15 minutos. Repetimos con el resto de la masa. Precalentamos el horno a 170º y colocamos las galletas sobre una bandeja de horno forrada con papel vegetal. Horneamos unos 10 minutos, hasta que estén ligeramente doradas por los bordes. Retiramos del horno y dejamos enfriar completamente antes de decorarlas.

Para preparar las hojas de chocolate, troceamos el chocolate y lo fundimos en el microondas. Para no manchar, pintaremos las hojas sobre un papel de hornear. Con ayuda de un pincel cubrimos la parte inferior de cada una de las hojas con chocolate fundido. La capa de chocolate debe ser fina, pero también tener cierto grosor para que no se rompa al despegarla de la hoja. Introducimos las hojas en el frigorífico durante una hora para que se solidifique el chocolate. Desprendemos entonces delicadamente las hojas, empezando por la zona del rabito. Las dejamos de nuevo en el frigorífico 15 minutos. Con el chocolate fundido restante, ponemos una gotita en cada hoja y las pegamos a las galletas. Las mantenemos en el frigorífico mientras preparamos la crema de mantequilla.

Batimos a baja velocidad la mantequilla con el azúcar, hasta que esté bien integrado. Aumentamos la velocidad y batimos 5 minutos más hasta que la mantequilla blanquee y tengamos una crema untuosa y esponjosa. Ponemos la mezcla en una manga pastelera con boquilla rizada pequeña y sobre cada galleta hacemos una rosa de mantequilla con un pequeño movimiento circular de muñeca. Dejamos las galletas en el frigorífico o en un lugar fresco hasta su consumo.

Ingredientes para 24 galletas:

Para las galletas:
- 300 g de harina
- 125 g de azúcar glas
- 125 g de mantequilla fría, cortada en cuadraditos
- 1 huevo mediano
- Una pizca de sal

Para la decoración:
- Hojas de rosal, limpias y secas
- 150 g de chocolate
- 100 g de azúcar glas
- 100 g de mantequilla, blanda

Bolas de galleta

Otra receta sencilla, buenísima y con chocolate, dentro de mi particular carrera de recetas para acabar siendo una estrella "Michelin".

En un bol grande ponemos el azúcar, la mantequilla cortada en cubitos, la harina y la vainilla y mezclamos bien hasta integrar todos los ingredientes (podemos ayudarnos de un robot de cocina). Añadimos los chips de chocolate y mezclamos procurando que queden bien distribuidos en la masa.

Formamos bolitas con la masa y las reservamos en el frigorífico media hora para que tomen cuerpo. Fundimos el chocolate troceado en el microondas, programando de 30 en 30 segundos y removiendo cada vez. Introducimos un tenedor de plástico o de madera en el chocolate y lo clavamos en la bolita. Repetimos hasta acabar con todas las bolas. Dejamos las bolitas unos 15 minutos en el frigorífico para que se solidifique el chocolate.

Ahora introducimos totalmente las bolas de galleta en el chocolate de cobertura. Escurrimos bien el chocolate sobrante y depositamos las bolitas sobre una bandeja forrada con papel de hornear, hasta terminar con todas. Las llevamos de nuevo al frigorífico para que se endurezca el chocolate. Como la masa no lleva huevo, se conservan bastantes días en el frigorífico o en un lugar seco y fresco.

Ingredientes para 24 bolitas:

- 150 g de azúcar
- 250 g de mantequilla, fría
- 375 g de harina
- 1 cucharada de extracto de vainilla
- 150 g de chips de chocolate
- 250 g de chocolate para fundir, troceado

Galletas de zanahoria

A mi hijo Pablo no le gusta nada la zanahoria, y se me ocurrió que elaborando estas galletas él mismo se daría cuenta de que las zanahorias pueden estar riquísimas. Las galletas le encantaron pero sigue apartando la zanahoria… Ahora, ¡que yo no me rindo!

Precalentamos el horno a 180º. Mezclamos todos los ingredientes de las galletas con los dedos y amasamos hasta formar una bola compacta. Dividimos la masa en dos partes y estiramos cada una de ellas entre dos papeles de hornear, con ayuda de un rodillo, hasta dejar la masa de un grosor de 0.5 cm. Cortamos las galletas con un cortapastas redondo y rizado y las depositamos en una bandeja de horno forrada con papel vegetal. Cuando estén listas las llevamos al congelador 15 minutos o al frigorífico un par de horas. Horneamos las galletas unos 10-15 minutos. Las sacamos del horno, esperamos unos 5 minutos y las ponemos sobre una rejilla para que se enfríen totalmente.

Preparamos el relleno de crema de queso batiendo con un batidor de varillas todos los ingredientes, hasta obtener una masa blanquecina y esponjosa. Para rellenar las galletas ponemos una pequeña cantidad de relleno en el centro de una galleta, colocamos otra galleta encima y presionamos ligeramente para distribuir el relleno uniformemente.

Por último preparamos la glasa. Batimos el azúcar y la clara de huevo con un batidor eléctrico de varillas hasta que esté muy firme (al coger la glasa con una cuchara no cae). Pegamos las zanahorias con un poco de glasa y dejamos secar.

Ingredientes para 12 galletas dobles:

Para la masa de galletas:
- 225 g de mantequilla, fría y cortada en cuadraditos
- 225 g de azúcar
- 330 g de harina
- 100 g de zanahoria, rallada muy finamente o triturada
- 1 cucharadita de canela en polvo
- 1 pizca de sal
- 1 pizca de clavo, cardamomo y jengibre en polvo (opcional)

Para el relleno:
- 150 g de queso cremoso de untar a temperatura ambiente
- 100 g de mantequilla, a temperatura ambiente
- 100 g de azúcar glas

Para la glasa (opcional):
- 100 g de azúcar glas
- 1/2 clara de huevo pasteurizada

Para decorar (opcional): zanahorias de azúcar o mazapán

Galletas de limón

Aquí os presento unas sencillas pastas de limón decoradas con papel de azúcar. El papel de azúcar es una lámina de *fondant* impresa con motivos diversos, totalmente comestible, que permite decorar de manera muy vistosa galletas, magdalenas o tartas.

Comenzamos preparando las galletas. En un bol amplio mezclamos todos los ingredientes con las manos o con ayuda de un robot de cocina. Formamos una bola, dividimos en dos porciones y estiramos cada una de ellas entre dos láminas de papel de hornear con ayuda de un rodillo (dejaremos un grosor de 3-5 mm). Usamos un cortador redondo pequeño para cortar las galletas y las colocamos sobre una bandeja de horno forrada con papel vegetal. Las mantenemos en el frigorífico mientras precalentamos el horno a 180º. Horneamos las galletas unos 10-12 minutos; deben quedar ligeramente doradas por los bordes. Sacamos del horno, dejamos reposar 5 minutos y las depositamos sobre una rejilla para que se enfríen totalmente.

Mientras, preparamos el relleno de crema de limón. Con un batidor de varillas eléctrico batimos la mantequilla con el azúcar a gran velocidad durante unos 5 minutos, añadiendo el zumo de limón poco a poco. Debemos obtener una crema sin grumos, esponjosa y blanquecina. Pasamos la crema a una manga pastelera con boquilla rizada.

Si vamos a decorar las galletas con papel de azúcar, lo cortamos con el mismo cortador que hemos utilizado para las galletas y pegamos un círculo de papel a cada galleta usando un poco de agua.

Para rellenar las galletas depositamos con la manga pastelera una porción de crema de limón en una galleta, tapamos con otra galleta y presionamos ligeramente para distribuir el relleno hasta los bordes.

Ingredientes para 12 galletas dobles:

Para las galletas:
- 300 g de harina
- 150 g de mantequilla, fría y cortada en cuadraditos
- 125 g de azúcar glas
- 1 huevo
- Ralladura de un limón ecológico

Para la crema de limón:
- 250 g de mantequilla, blanda
- 300 g de azúcar glas
- Zumo de un limón

Para decorar (opcional): 1 lámina de papel de azúcar

Minigalletas

Cuando preparamos galletas cortadas siempre sobran recortes de masa. Si tenéis prisa, pereza o, como me suele pasar a mí, una mezcla de ambas, podéis preparar estas galletas tamaño mini, que os permitirán aprovechar al máximo esos recortes.

Comenzamos preparando las galletas. Mezclamos todos los ingredientes con las manos o con ayuda de un robot de cocina hasta obtener una masa homogénea. Formamos una bola y la dividimos en dos. Estiramos cada una de las porciones entre dos láminas de papel de hornear con ayuda de un rodillo, hasta dejarlas muy finas, idealmente de 1 mm de espesor (3 mm como máximo). Dejamos las láminas de masa de galleta en el frigorífico durante un par de horas o en el congelador media hora. Sacamos las láminas y cortamos con un cortador de galletas mini redondo o con un descorazonador de manzanas. Colocamos las galletas sobre una bandeja y las volvemos a llevar al congelador al menos 15 minutos.

Precalentamos el horno a 170° y colocamos las galletas sobre una bandeja de horno forrada con papel vegetal. Si lo deseamos, con una brocheta de madera o un palillo hacemos unos agujeritos en cada galleta (además de elemento decorativo, facilita que las galletas se horneen de manera más uniforme). Horneamos unos 5-7 minutos y retiramos del horno. Dejamos enfriar completamente antes de rellenarlas de chocolate.

Para elaborar el relleno de chocolate, en un cazo mediano fundimos la mantequilla y el chocolate a fuego medio-bajo, removiendo sin cesar. Agregamos el azúcar y movemos hasta obtener una crema lisa, sin grumos. Introducimos la crema de chocolate en una manga pastelera, cortamos la puntita y procedemos a rellenar las galletas: ponemos una cantidad generosa de relleno en el centro de una galleta y presionamos con otra para distribuir el relleno hasta los bordes. Dejamos en un lugar fresco hasta que se endurezca el relleno.

Ingredientes para 250 galletas dobles:

Para las galletas:
- 400 g de harina normal
- 150 g de azúcar glas
- 200 g de mantequilla, fría y cortada en cuadraditos
- 1 huevo mediano
- Una pizca de sal

Para el relleno:
- 150 g de chocolate negro para fundir
- 100 g de mantequilla
- 100 g de azúcar glas

Galletas grabadas

A mi abuela le encantaba hacer y regalarme paños de ganchillo, con intención de decorarme hasta la tele. Por fortuna, en la pantalla plana no se sujetan ni el paño ni la folclórica, así que no me quedó más remedio que darles una salida gastronómica.

Mezclamos todos los ingredientes con las manos o con ayuda de un robot de cocina para formar una masa homogénea. Formamos una bola y la dividimos en tres partes. Estiramos cada una de las porciones entre dos láminas de papel vegetal con ayuda de un rodillo, hasta dejarlas con un grosor de 5 mm como máximo. Retiramos el papel superior de la decorativa para *fondant,* lo colocamos sobre la masa y fijamos con el rodillo (también puede hacerse con pañitos de ganchillo). Dejamos las láminas de masa de galleta en el frigorífico durante un par de horas o en el congelador media hora. Procedemos igual con cada una de las porciones de masa que hemos cortado previamente.

Sacamos las láminas del frigorífico, cortamos con un cortador de galletas redondo, colocamos las galletas sobre una bandeja forrada con papel de hornear y las volvemos a llevar al congelador al menos 15 minutos. Repetimos con el resto de la masa. Los recortes de la masa pueden volverse a amasar y estirar.

Precalentamos el horno a 170º y horneamos las galletas unos 10 minutos, hasta que estén ligeramente doradas por los bordes. Sacamos del horno, dejamos reposar 5 minutos y las depositamos sobre una rejilla para que se enfríen totalmente.

Ingredientes para 24 galletas:

- 400 g de harina normal
- 150 g de azúcar glas
- 200 g de mantequilla, fría y cortada en cuadraditos
- 1 huevo mediano
- Una pizca de sal

Equipamiento: manta decorativa para *fondant* o paños de ganchillo

Oreo bañadas en chocolate

Ya os habréis dado cuenta leyendo este libro de que tengo un maquiavélico plan para que todo el mundo engorde y así parecer yo más delgada. Así que no te sientas culpable si las preparas y te comes seis de una sentada. Piensa que lo estás haciendo por mi bien.

Fundimos el chocolate blanco en el microondas, programando de 30 en 30 segundos y removiendo cada vez. Ahora, la manera de trabajar en esta receta va a depender de si disponemos o no de molde.

Si disponemos de un molde cortamos círculos de la lámina de transfer del tamaño del molde y los colocamos en la base (con la parte rugosa, que es la que pega, hacia arriba). Vertemos un poco de chocolate blanco sobre la lámina hasta cubrirla. Colocamos una galleta Oreo encima y terminamos de recubrir la galleta con chocolate. Dejamos enfriar en el frigorífico.

Si no disponemos de molde, introducimos una galleta Oreo en el chocolate, la sacamos con un tenedor, dejando escurrir el exceso de chocolate, y la depositamos sobre papel de hornear. Colocamos encima de la galleta un círculo de lámina de transfer y llevamos al frigorífico hasta que el chocolate se solidifique.

En ambos casos, una vez solidificado el chocolate, retiramos con cuidado la lámina de transfer despegándola (funciona como una calcomanía para chocolate) y conservamos las galletas en el frigorífico o en un lugar fresco hasta su consumo.

Ingredientes para 12 galletas:

- 12 galletas Oreo
- 300 g de chocolate blanco (o Candy Melts)
- Una lámina de transfer (opcional)

Equipamiento (opcional): molde de silicona para magdalenas o minitartas

Cheesecake cookies

Soy una fanática de las tartas de queso y estas en versión mini son una delicia. Para hacer más sencilla la receta podéis usar tartaletas compradas y prescindir de la decoración, o adaptarla a la fecha del año u ocasión para la que la preparéis. ¡Están riquísimas!

Mezclamos los ingredientes de las tartaletas con las manos o con un robot de cocina hasta obtener una masa homogénea. Formamos una bola, que dividimos en dos porciones, y estiramos cada una de ellas entre dos láminas de papel vegetal con ayuda de un rodillo (dejaremos un grosor de 3-5 mm). Usamos un cortador redondo con reborde rizado para cortar las galletas y las colocamos sobre un molde de magdalenas puesto del revés, dándoles forma de tartaleta con las manos. Las mantenemos en el frigorífico mientras precalentamos el horno a 170º. Horneamos las tartaletas unos 10-12 minutos; deben quedar ligeramente doradas. Sacamos del horno, dejamos reposar 5 minutos, desmoldamos y depositamos sobre una rejilla para que se enfríen.

Preparamos el relleno mezclando la leche condensada, la nata fresca, el queso y el zumo de limón. Separamos 2 cucharadas de crema de queso en un bol y otras 2 en otro bol. Teñimos uno de los boles con colorante rojo y el otro con colorante verde.

Procedemos al montaje de las galletas. Cogemos una tartaleta, ponemos una cucharadita de mermelada en la base y cubrimos con la crema de queso. Con palillos y las masas teñidas, decoramos con frutos rojos y hojas de acebo. Repetimos hasta finalizar con todas las bases de galleta y las guardamos en el frigorífico hasta que cuajen (unas 24 horas). Se pueden conservar en la nevera varios días.

Ingredientes para 24 galletas:

Para las galletas:
- 400 g de harina normal
- 150 g de azúcar glas
- 200 g de mantequilla
- 1 huevo mediano
- Una pizca de sal

Para el relleno:
- 100 ml de creme fraîche (nata fresca. Puede sustituirse por la misma cantidad de nata para montar, 35% MG)
- 200 g de queso mascarpone, a temperatura ambiente
- 100 g de leche condensada
- 2 cucharadas de zumo de limón (el zumo de medio limón más o menos)
- Mermelada de fresa

Para la decoración:
- Colorante alimentario rojo y verde

Equipamiento (opcional): molde de minimagdalenas rígido

Baklava de chocolate

El baklava es un pastel que se prepara con láminas de pasta filo, mantequilla y frutos secos, se hornea y posteriormente se baña en almíbar de azúcar o miel. Esta versión no puede considerarse tradicional al llevar chocolate.

Preparamos el almíbar poniendo todos los ingredientes a hervir en un cazo. Cuando llegue a ebullición, bajamos el fuego y dejamos cocer suavemente unos 20 minutos. Retiramos del fuego y dejamos enfriar. Continuamos preparando el baklava. Precalentamos el horno a 180º y humedecemos un paño que usaremos para tapar la pasta filo (se seca rápidamente). Picamos el chocolate y los frutos secos. Agregamos la cucharada de canela y mezclamos bien. Reservamos.

Untamos con mantequilla la fuente que vayamos a usar y cortamos todas las láminas de pasta filo del tamaño de la bandeja. Las dejamos tapadas bajo el paño húmedo. Tomamos una lámina de pasta filo y la embadurnamos de mantequilla fundida por una cara. Ponemos la lámina de pasta filo en la bandeja (la capa de mantequilla hacia arriba). Repetimos este paso 7 veces más (es decir, formamos una primera capa con 8 láminas). Tomamos 4 cucharadas del relleno y las extendemos sobre la pasta filo. Encima, untamos una lámina de pasta filo con mantequilla por ambas caras y sobre esta colocamos una capa de frutos secos. Tomamos otra lámina de pasta filo, la pincelamos con mantequilla fundida por una cara y la colocamos sobre la anterior (la cara con mantequilla hacia arriba). Repetimos este paso otras dos veces (es decir, formamos una capa con 4 láminas en total). Tomamos de nuevo 4 cucharadas del relleno y las extendemos sobre la pasta filo. Finalizamos con otra capa con 8 láminas de pasta filo. Con un cuchillo afilado cortamos el baklava en cuadrados, sin llegar hasta la parte inferior, parando el corte cuando notemos bajo el cuchillo la primera capa de chocolate y frutos secos. Horneamos 45 minutos en total, los 20 primeros destapado y los 25 siguientes con un papel de aluminio sobre el baklava. Sacamos del horno, dejamos reposar 5 minutos y vertemos el almíbar frío sobre el baklava caliente. Se puede degustar caliente o frío, idealmente acompañado de una bola de helado de vainilla.

Ingredientes para 12 personas:

Para el almíbar:
- 250 ml de agua
- 200 g de azúcar
- 50 g de miel
- Zumo de medio limón (opcional)
- 1 rama de vainilla (opcional)

Para el pastel:
- 100-150 g de mantequilla fundida, fría
- Un paquete de pasta filo (20 láminas del tamaño de nuestra bandeja)
- 250 g de chocolate negro
- 250 g de frutos secos a elegir: avellanas, nueces, almendras, pistachos
- Una cucharada de canela

Bizcocho marmolado

Siempre me han fascinado los magos, esa capacidad para hacer aparecer o desaparecer objetos a su antojo. A mí como mucho me desaparecen calcetines en la lavadora…, aunque también soy capaz de sacar un conejo del bizcocho. Aquí te cuento cómo.

Comenzamos preparando el bizcocho de cacao. Precalentamos el horno a 180º. Batimos la mantequilla con el azúcar, agregamos los huevos de uno en uno y a continuación la harina, el cacao, la levadura y la sal y mezclamos con una espátula. Vertemos en un molde de plumcake (untado con mantequilla y harina) y horneamos unos 45 minutos. Sacamos del horno, dejamos enfriar 15 minutos y desmoldamos sobre una rejilla. Dejamos enfriar del todo. Cortamos el bizcocho en rodajas gruesas y les damos forma de conejo con un cortador de galletas. Colocamos todas las rodajas con forma de conejo juntas y alineadas en la parte inferior de un molde de plumcake untado con mantequilla, y dejamos en el congelador hasta que vayamos a preparar el bizcocho (con una hora será suficiente).

Preparamos la masa de bizcocho de vainilla. Precalentamos el horno a 180º. Batimos la mantequilla con el azúcar, agregamos los huevos de uno en uno y ponemos una cucharada de extracto de vainilla. Añadimos por último la harina, la levadura y la sal y mezclamos con una espátula. Sacamos el molde del congelador y vertemos la mezcla de vainilla sobre el bizcocho de chocolate recortado. Introducimos en el horno y horneamos unos 40 minutos. Retiramos del horno, dejamos enfriar 15 minutos y desmoldamos sobre una rejilla, donde lo dejaremos hasta que esté totalmente frío.

Ingredientes para 12 personas:

Para el bizcocho de cacao:
- 250 g de mantequilla, en pomada
- 200 g de azúcar
- 4 huevos medianos
- 250 g de harina
- 40 g de cacao puro en polvo
- Una cucharadita de levadura química
- Una pizca de sal

Para el bizcocho de vainilla:
- 250 g de mantequilla, en pomada
- 200 g de azúcar
- 4 huevos medianos
- Una cucharada de extracto de vainilla
- 250 g de harina
- Una cucharadita de levadura química
- Una pizca de sal

Tableta de cheesecake

A partir de ahora voy a ponerme a dieta y voy a evitar todo lo que me haga sentir gorda. Así que voy a quitar de casa los espejos y la báscula y a preparar alguna receta de la felicidad…, como estas tabletas de chocolate y cheesecake.

Sacamos el queso cremoso del frigorífico para que esté a temperatura ambiente cuando vayamos a preparar la receta. En un vaso con agua fría metemos las hojas de gelatina para que se hidraten.

Fundimos el chocolate en el microondas y pincelamos con él los moldes que vayamos a usar (tanto el fondo como los laterales). Los metemos al frigorífico para que se solidifiquen rápidamente.

En un cazo ponemos a hervir la nata. Cuando hierva, retiramos las hojas de gelatina del agua, las escurrimos bien y las agregamos a la nata. Removemos hasta su completa disolución. Aparte, mezclamos el queso cremoso con la leche condensada, añadimos la nata con la gelatina e integramos bien. Por último, agregamos las frambuesas y las distribuimos uniformemente por la crema removiendo con una espátula.

Sacamos los moldes pincelados con chocolate del frigorífico y añadimos la crema de queso con las frambuesas, nivelando con una espátula. Llevamos de nuevo a la nevera hasta que la crema de queso esté cuajada. Tapamos la crema de queso con otra capa de chocolate fundido y llevamos de nuevo al frigorífico, al menos 24 horas antes de consumir. Repetimos el proceso para poner otra capa de chocolate. Es importante lograr una capa final gruesa para que no se rompa la tableta al desmoldar.

Ingredientes para 4-6 tabletas:

- 250 g de queso cremoso
- 2 láminas de gelatina neutra
- 100 ml de nata para montar (35% MG)
- 100 ml de leche condensada
- 50 g de frambuesas frescas
- 250 g de chocolate negro

Equipamiento (opcional): molde con forma de tableta de chocolate

Enrejados de frambuesa

Unos pastelitos deliciosos y facilísimos de preparar, aptos para personas que piensan que quedarse frito es dormirse sobre la freidora.

Comenzamos preparando el relleno. Lavamos las frambuesas y las ponemos en un cazo a fuego medio junto con el azúcar y el zumo de limón. Removemos sin cesar durante unos 20 minutos, mientras la mermelada hierve suavemente. Retiramos del fuego y dejamos enfriar.

Ahora preparamos los pastelitos. Precalentamos el horno a 200º. Extendemos dos láminas de masa quebrada. Cortamos la masa en tiras largas de 1 cm de ancho usando un cuchillo afilado. Elaboramos el enrejado (ver página 127): vamos levantando tiras alternas de masa y colocando una tira en perpendicular. Bajamos las tiras de masa que habíamos subido y subimos las que quedaron abajo. Repetimos el proceso hasta acabar con la masa y obtener una lámina de masa enrejada. Con un cortapastas redondo cortamos la masa para formar los pastelitos del tamaño que deseemos.

Estiramos las dos láminas de masa quebrada restantes. Con el mismo cortapastas redondo cortamos la base de las galletas. Ponemos una cucharada o dos de mermelada de frambuesa en el centro de cada galleta, pincelamos los bordes con un poco de agua y colocamos encima otro círculo de masa con el enrejado. Presionamos ligeramente los bordes para que queden sellados y no se salga el relleno al hornear. Barnizamos la masa con mantequilla fundida y espolvoreamos los enrejados con azúcar.

Horneamos unos 10 minutos, retiramos del horno y dejamos enfriar sobre una rejilla. La receta puede prepararse también con fresas, y si no queremos preparar el relleno, puede emplearse mermelada comprada.

Ingredientes para 4-6 enrejados:

Para las galletas:
- 4 láminas de masa quebrada, comprada o casera (ver receta de quiche de zanahoria)
- Azúcar
- 50 g de mantequilla fundida

Para el relleno:
- 250 g de frambuesas (pueden ser congeladas)
- Zumo de medio limón
- 150 g de azúcar

Pastel de Oreo

Esta receta es ideal para tenerla preparada con antelación cuando esperas invitados, ya que mejora con los días. Lamentablemente, pocos son capaces de esperar para comprobarlo. También puede prepararse sustituyendo el chocolate negro por chocolate blanco.

Comenzamos preparando la base. Para ello, trituramos las galletas (relleno incluido) en un robot de cocina. Para hacerlo manualmente, metemos las galletas en una bolsa y las golpeamos con un rodillo hasta convertirlas en polvo de galleta. Mezclamos las galletas con la mantequilla fundida y vamos presionando la mezcla en la base y los laterales de un molde desmontable (el de las fotos, es un molde rectangular rizado de base desmontable de 10×35 cm). Metemos en el congelador mientras preparamos la crema de relleno.

Ponemos la nata en un cazo y llevamos a ebullición. Cuando hierva, retiramos del fuego y agregamos el chocolate troceado y la mantequilla. Esperamos unos minutos y removemos hasta obtener una crema brillante y homogénea. Vertemos sobre la base que habíamos reservado en el congelador y decoramos con trozos de galleta Oreo y chips de chocolate. Llevamos al frigorífico un par de horas antes de consumir. Desmoldamos con cuidado y servimos.

Ingredientes para 12 personas:

Para la base:
- 300 g de galletas Oreo
- 100 g de mantequilla fundida

Para la crema:
- 200 ml de nata para montar (35% MG)
- 200 g de chocolate negro, troceado
- 50 g de mantequilla

Para decorar:
- 4 o 5 galletas Oreo partidas
- 1 puñado de chips de chocolate

Pastel de calabacín y chocolate

¿Aburridos de oír: "A mí no me gusta el calabacín"? Pues probad a preparar este bizcocho… y lo único que vais a oír es: "¿Puedo repetir?". Si alguien detecta el calabacín en este pastel la editorial os devuelve el dinero. Bueno, esto no es verdad, pero os aseguro que nadie lo notará.

Precalentamos el horno a 180º y preparamos una fuente apta para horno de 20×30 cm aproximadamente, untándola con aceite y espolvoreándola con harina (o la forramos con papel de hornear). Mezclamos todos los ingredientes del bizcocho en un bol amplio. Queda una pasta de aspecto un poco extraño, grumosa. Vertemos la masa en el molde que habíamos preparado previamente, nivelamos con una espátula y horneamos unos 20-25 minutos. Retiramos del horno y dejamos enfriar en el molde.

Preparamos la cobertura de chocolate. Mezclamos el agua y la maizena, removiendo hasta que no queden grumos. Calentamos esta mezcla en un cazo a fuego medio bajo. Añadimos el chocolate troceado y removemos sin parar hasta que esté totalmente fundido. Retiramos del fuego y vertemos sobre el bizcocho de calabacín que habíamos preparado previamente. Conservamos en el frigorífico hasta su consumo (hay que sacarlo 15-30 minutos antes de comer). En el momento de servir, decoramos si lo deseamos con bolitas de colores.

Ingredientes para 18-24 personas:

Para el bizcocho:
- 300 g de calabacín, limpio y con piel, triturado
- 125 ml de aceite de girasol o aceite de oliva virgen extra de sabor suave
- 200 g de azúcar
- 250 g de harina
- 50 g de cacao puro en polvo
- Una cucharadita de levadura química

Cobertura de chocolate:
- 200 ml de agua
- 2 cucharadas rasas de maizena
- 250 g de chocolate negro (sin leche), troceado

Pastel de pan y fresas

Esta es una receta ideal para aprovechar restos y no solo de pan. Aunque en esta ocasión os propongo una versión con mermelada de fresas, admite muchísimas variaciones. Podemos ponerle disimuladamente trozos de esa pobre pera que se marchita en el frutero u optar por una variante llena de fibra si la preparamos con pan integral y pasas.

En un cazo de tamaño medio ponemos la leche, la nata, el azúcar, la rama de canela y la rama de vainilla. Llevamos a ebullición, apagamos el fuego y dejamos enfriar. Retiramos las ramas de canela y vainilla.

Untamos las rebanadas de pan con una fina capa de mantequilla y, si lo deseamos, las cortamos con un cortapastas (en este caso con forma de flor). Untamos con mantequilla una fuente apta para horno (31×25 cm). Con los recortes feos del pan cubrimos la parte inferior de la bandeja, tratando de que quede bien tapada y sin huecos. Distribuimos la mermelada sobre esta primera capa de pan. Terminamos con otra capa de rebanadas de pan (el lado untado con mantequilla hacia arriba), superponiéndolas y procurando que queden distribuidas de manera armónica. Batimos los huevos y los mezclamos con la leche infusionada. Vertemos esta mezcla sobre la bandeja, tratando de que todo el pan quede bien impregnado. Dejamos reposar 15 minutos para que se empape bien, mientras precalentamos el horno a 180º.

Horneamos durante 30 minutos y dejamos enfriar un poco antes de servir, acompañado de helado de vainilla, nata montada, crema inglesa o fruta fresca. Puede hacerse también al baño María y queda más cremoso. Solo hay que poner la bandeja dentro de otra bandeja con tres dedos de agua y hornear unos 40 minutos en lugar de 30. Puede usarse pan de torrijas, brioche, bizcocho o cualquier resto que queramos aprovechar, aunque deberemos ajustar las cantidades de azúcar.

Ingredientes para 12 personas:

Para el bizcocho:
- 300 ml de leche
- 200 ml de nata
- 80 g de azúcar
- Una rama de canela
- Una rama de vainilla
- 24 rebanadas de pan de molde
- 50 g de mantequilla blanda
- 350 g de mermelada de fresa
- 3 huevos medianos

Pasteles de pera y canela

¿Qué deciros de estos pasteles individuales de pera y canela? ¿Que son una perita en dulce? ¿Que son la repera? Solo os recomiendo que los probéis. Y con una bola de helado de vainilla son ya ¡la pera limonera!

Precalentamos el horno a 180º. Lavamos las peras, las pelamos y descorazonamos y finalmente las troceamos y las ponemos en un cuenco mediano. Añadimos el zumo de limón, el azúcar, la harina y la canela. Removemos para que las peras queden bien rebozadas en la mezcla.

Distribuimos las peras troceadas en 6 recipientes aptos para horno y encima desmenuzamos una pizca de mantequilla.

Extendemos las láminas de masa quebrada y las cortamos con un cortador redondo de galletas para que queden de tamaño ligeramente inferior a nuestros recipientes para horno, de modo que el vapor pueda escapar por los laterales. Para decorar la masa, colocamos una plantilla encima de un círculo de masa y espolvoreamos con azúcar glas mezclado con canela (para un tono dorado en la decoración) o con canela a secas (para un tono más oscuro). Retiramos con cuidado la plantilla y repetimos la operación con el resto de círculos de masa que hemos cortado previamente, que colocamos sobre cada uno de los recipientes con las peras.

Horneamos unos 20-30 minutos (dependiendo de lo maduras que estén las peras, podemos tapar con papel de hornear si se tuesta demasiado la superficie). Retiramos del horno, dejamos templar unos minutos y servimos con una cucharada generosa de crème fraîche, helado de vainilla o yogur griego.

Ingredientes para 8 personas:

- 2 láminas de masa quebrada, comprada o casera (ver receta de quiche de zanahoria)
- 4 peras (idealmente Red Bartlet)
- 25 g de harina
- Zumo de 1 limón
- Una cucharada de canela en polvo
- 20 g de mantequilla

Miniboston cream pies

Aunque en esta ocasión he optado por preparar la versión mini de este postre, podéis preparar el bizcocho en un solo molde de 20 a 24 cm aumentando el tiempo de horneado a unos 30 minutos.

Precalentamos el horno a 180º. Preparamos un molde de 8 cavidades de minitarta engrasándolas con mantequilla y enharinándolas ligeramente. Batimos la mantequilla con el azúcar, añadimos los huevos de uno en uno, agregamos la harina, la maizena y la levadura y mezclamos bien. Dividimos la mezcla entre los moldes y horneamos 15-20 minutos a 150º. Sacamos del horno, desmoldamos boca abajo y dejamos enfriar. Con una lira o cuchillo afilado cortamos los bizcochos en dos mitades, procurando que todas las capas sean del mismo grosor.

Ahora preparamos la crema pastelera. Disolvemos la maizena en un poco de leche y añadimos las yemas de huevo batidas. Reservamos. Llevamos a ebullición la nata con el resto de la leche, la vainilla y el azúcar. Cuando hierva, retiramos del fuego y unimos a la mezcla de leche, maizena y yemas que habíamos reservado. Volvemos a poner a fuego lento, removiendo sin cesar hasta que espese la crema. Retiramos del fuego y añadimos una cucharada de mantequilla. Mezclamos bien y dejamos enfriar. Cuando esté fría, con ayuda de una manga pastelera rellenamos los bizcochos.

Elaboramos por último la cobertura de chocolate. Para ello hervimos la nata, retiramos del fuego y añadimos el chocolate troceado y la mantequilla. Dejamos reposar unos minutos y removemos hasta obtener una crema homogénea. Dejamos enfriar un poco. Repartimos la cobertura de chocolate sobre las minitartas y reservamos en el frigorífico hasta su consumo (las sacaremos una hora antes de servir).

Ingredientes para 12 miniboston:

Para el bizcocho:
- 250 g de mantequilla, a temperatura ambiente
- 250 g de azúcar
- 4 huevos
- 225 g de harina normal
- 25 g de maizena
- Medio sobre de levadura química

Equipamiento (opcional): molde de silicona para minitartas

Para la crema pastelera:
- 250 ml de leche
- 250 ml de nata
- 150 g de azúcar
- 3 yemas de huevo mediano
- Una pizca de vainilla
- 30 g de maizena
- Una cucharada de mantequilla

Para la cobertura de chocolate:
- 200 ml de nata para montar
- 50 g de mantequilla
- 250 de chocolate negro

Shortbread de violetas

Estas son, sin duda, mis galletas favoritas. Como solo llevan 3 ingredientes (si prescindimos de la decoración), es importante cuidar la calidad de los mismos, en especial de la mantequilla, que será la que aporte todo el sabor a estas galletas.

Precalentamos el horno a 150º.

Mezclamos todos los ingredientes de las galletas en un bol amplio y amasamos con las manos (o con un robot de cocina) hasta integrarlos. Formamos una bola con la masa y la estiramos entre dos láminas de papel de hornear, dejando un grosor de 1-2 cm. Cortamos los bordes de la masa para formar un rectángulo y a continuación, con un cuchillo afilado, vamos cortando las galletas en pequeños bastones, pero sin separarlos.

Horneamos la masa cortada a 150º durante 25-30 minutos. Retiramos del horno, repasamos los cortes de las galletas con un cuchillo afilado, separándolas ahora, y las dejamos enfriar unos 10 minutos. Transcurrido este tiempo, transferimos con cuidado las galletas a una rejilla para que se enfríen totalmente.

Para preparar las violetas cristalizadas, las sumergimos con cuidado en clara de huevo batida y a continuación las pasamos por azúcar glas. Las dejamos en un lugar fresco y seco hasta que terminen de secarse. Por último, las pegamos a las galletas frías con un poco de clara de huevo batida.

Ingredientes para 24 galletas:

Para las galletas shortbread:
- 325 g de harina
- 125 g de azúcar
- 250 g de mantequilla con sal fría, cortada en cubitos

Para las violetas cristalizadas:
- Violetas comestibles (Viola Star)
- Una clara de huevo batida (pasteurizada)
- Una taza de azúcar glas

Turrón de chocolate crujiente

En la tele tenían razón: les preparas este turrón a tus amigos y luego vuelven a casa, y vuelven, y vuelven, y vuelven... por Navidad.

Fundimos los chocolates junto con la manteca de cacao en el microondas (programando de 30 en 30 segundos y removiendo cada vez). Antes de que esté totalmente derretido el chocolate, retiramos del microondas y terminamos de fundir con el calor residual, sin parar de remover. Añadimos la crema de cacao y avellanas y mezclamos bien.

Dejamos templar la mezcla (al introducir la yema del dedo no notamos ni frío ni calor) y añadimos los copos de arroz inflado. Si los agregamos mientras el chocolate está aún caliente, se pondrán blandos y el turrón no quedará crujiente.

Repartimos la mezcla en moldes de silicona y los golpeamos ligeramente contra la encimera para asegurarnos de que no queden burbujas de aire. Introducimos los moldes en el frigorífico hasta que el turrón esté sólido y lo conservaremos ahí hasta que lo vayamos a consumir. Hay que desmoldar y sacar el turrón una hora antes de su consumo, para que tenga la textura perfecta.

Si no disponemos de manteca de cacao, puede sustituirse por manteca de cerdo (variará ligeramente el sabor) o por mantequilla (variará la textura y el turrón no tendrá brillo).

Ingredientes para 4 tabletas:

- 150 g de chocolate negro, troceado
- 150 g de chocolate con leche, troceado
- 50 g de manteca de cacao
- Una cucharada colmada de crema de cacao y avellanas (tipo Nocilla)
- 30 g de cereales de arroz inflado

Petit de chocolate

Las autoridades sanitarias advierten de que el consumo de estos *petit* puede provocar adicción y ganas de repetir.

Calentamos en un cazo el azúcar con la nata, removiendo de vez en cuando. Cuando hierva, retiramos del fuego y añadimos el chocolate troceado. Dejamos reposar unos minutos y removemos hasta lograr una crema homogénea. Añadimos el cacao tamizado y el queso cremoso y removemos hasta que no queden grumos y hayamos obtenido una crema lisa.

Repartimos la mezcla en vasitos y los conservamos en el frigorífico unas horas, hasta que estén cuajados. Mejoran con el paso de los días.

Ingredientes para 12 personas:

- 200 ml de nata para montar (35% MG)
- 100 g de azúcar
- 100 g de chocolate negro, troceado
- 200 g de queso cremoso, a temperatura ambiente
- Una cucharada de cacao puro en polvo

Huevos de mousse de chocolate

A ti, como en el anuncio, ¿te piden tus hijos una sorpresa y un chocolate?
¡Pues solo tienes que prepararles este postre!

Ponemos en un cazo a fuego medio-alto la nata con el azúcar y removemos hasta que este se disuelva. Llevamos a ebullición. Retiramos del fuego y agregamos el chocolate troceado. Dejamos reposar 5 minutos y removemos hasta que el chocolate esté disuelto y hayamos obtenido una crema homogénea. Guardamos en un recipiente hermético e introducimos en el frigorífico hasta el día siguiente (es necesario que esté muy frío para poder montar la mousse).

Al día siguiente ponemos la crema de chocolate en un bol amplio y la batimos a máxima velocidad con un batidor eléctrico de varillas, hasta que esté montada. Pasamos esta mousse a una manga pastelera y reservamos.

Con un descorchador hacemos un pequeño agujero en la parte inferior de los huevos de chocolate. No es necesario que sea muy grande, lo justo para que quepa la puntita de la manga pastelera. Una vez tenemos todos los huevos agujereados, cortamos la punta de la manga pastelera y procedemos a rellenar los huevos con la mousse de chocolate. Conservamos en el frigorífico (con el agujero hacia arriba) hasta el momento de servir los huevos, con el agujero hacia abajo.

Ingredientes para 12 huevos:

- 12 huevos de chocolate
- 500 ml de nata para montar (35% MG)
- 100 g de azúcar
- 250 de chocolate negro, troceado

Macarons de Navidad

El macaron es un pastelito tradicional francés hecho de clara de huevo, almendra molida y azúcar. No hay que confundirlo con el macarrón. Si sois como yo, estaréis habituados a saltaros el paso de "tamizar la harina" en todas las recetas. Por eso os aviso de que en esta en concreto es un paso esencial, y me costó unos cuantos fracasos entenderlo.

Pesamos y tamizamos el azúcar glas y la harina de almendra y los unimos en un bol amplio. Pesamos las claras. Con un batidor de varillas comenzamos a montar las claras hasta que se forme una espuma y agregamos suavemente el azúcar granulado (los 30 g), mientras seguimos montando con el batidor de varillas a máxima velocidad, hasta que se forme un merengue con picos firmes. Pasamos nuevamente la harina y la almendra por el tamiz mientras dejamos caer la mezcla en forma de lluvia sobre las claras montadas. Preparamos una manga pastelera con boquilla redonda y forramos una bandeja de horno con papel vegetal. Con la manga pastelera perpendicular a la bandeja de horno, vamos depositando pequeños círculos de masa, separados entre sí. Dejamos reposar los macarons al menos una hora a temperatura ambiente para que se forme el "pie". De esta manera, la capa superior del macaron se seca y se forma una "costra", y al introducirlos en el horno el aire del merengue solo puede escapar hacia abajo, formándose así el pie tan característico de estos pastelitos. Antes de hornear, para saber si están secos y listos, tocamos uno por encima. Debe notarse ligeramente seco y no debe quedarse pegado al dedo.

Precalentamos el horno a 150°. Introducimos la bandeja en el horno y horneamos unos 10-12 minutos. Deben quedar secos por fuera y ligeramente blandos por dentro. Retiramos del horno y dejamos enfriar sobre la misma bandeja en la que los hemos horneado. Una vez fríos, pero sin esperar demasiado, despegamos con cuidado de la hoja de papel vegetal y procedemos a decorarlos con rotuladores comestibles.

Para el relleno, batimos todos los ingredientes con el batidor de varillas a máxima velocidad y rellenamos los macarons con ayuda de una manga pastelera. Conservamos en el frigorífico.

Ingredientes para 24 macarons:

Para las conchas:
- 200 g de azúcar glas
- 110 g de harina de almendra
- 90 g de clara de huevo, a temperatura ambiente
- 30 g de azúcar normal

Para la crema de vainilla:
- 80 g de mantequilla, a temperatura ambiente
- 150 g de azúcar glas
- Unas gotas de esencia de vainilla
- 1 cucharada de leche

Equipamiento (opcional): rotuladores de tinta comestible

Brownie en cáscara de huevo

Sé lo que estáis pensando: brownie en cáscara de huevo…, ¿por qué? Y yo os pregunto: ¿por qué no? Es sencillo, delicioso, divertido y original. Y lo mejor es ver la cara de los invitados cuando de postre les plantas delante uno de estos "huevos de gallinitas negras", tal y como los denominó uno de los lectores del blog.

Preparamos las cáscaras de huevo. Con la punta de un sacacorchos pinchamos la parte inferior de la cáscara de huevo y con los dedos rompemos con cuidado para hacer un agujero pequeño. Vaciamos el huevo con ayuda de una brocheta y aclaramos con agua la cáscara del huevo bajo el grifo. Llenamos un bol amplio con agua salada (100 g de sal por litro) e introducimos las cáscaras de huevo en el agua 30 minutos. Sacamos y dejamos secar con el agujero hacia abajo sobre papel de cocina. Con ayuda de un embudo pequeño, vertemos un poco de aceite en el interior de cada cáscara y la giramos y movemos para cubrir de aceite. Dejamos salir el aceite sobrante.

Preparamos el brownie. Fundimos la mantequilla, agregamos el chocolate troceado y dejamos reposar un poco para que se vaya deshaciendo el chocolate. Removemos la mezcla hasta que el chocolate esté totalmente disuelto. En otro bol batimos los huevos con el azúcar. Mezclamos el chocolate y la mantequilla con los huevos y el azúcar, agregamos la harina, el cacao y la sal y mezclamos bien. Pasamos la mezcla a una manga pastelera con boquilla del tamaño adecuado a los agujeros de nuestros huevos.

Rellenamos cada cáscara de huevo hasta ²/₃ partes de su capacidad. Para hornear los huevos de brownie, precalentamos el horno a 180º. Colocamos los huevos sobre un poco de papel de aluminio, para que los huevos se sostengan erguidos en el horno y no se salga el relleno. Horneamos los huevos de brownie entre 15 y 20 minutos. Sacamos del horno, retiramos el exceso de masa que sobresale por el agujero del huevo y limpiamos los restos de bizcocho de la cáscara con un paño húmedo. Dejamos enfriar los huevos totalmente antes de servir, con el agujero hacia abajo.

Ingredientes para 12-16 huevos:

- 12-16 cáscaras de huevo, mejor si son XL
- 200 g de chocolate para fundir
- 125 g de mantequilla a temperatura ambiente
- 3 huevos grandes
- 200 g de azúcar
- 125 g de harina
- 3 cucharadas de cacao puro en polvo
- Una pizca de sal

Manzanas enrejadas

Cuando empecé a publicar recetas (allá por la prehistoria), participaba mucho en el foro Mundorecetas. Allí solían hacer bromas con mi afición a encarcelar alimentos: pimientos, patatas, huevos... Así surgieron estas manzanas asadas rellenas y encarceladas en pasta brisa y caramelo.

Comenzamos asando las manzanas. Las lavamos, las descorazonamos y las ponemos en una fuente apta para horno con medio vaso de agua. Horneamos a 180° durante unos 25 minutos. Sacamos del horno y reservamos.

Preparamos el relleno. Reservamos un poco de leche para disolver la maizena y añadimos la yema de huevo batida. Ponemos a hervir la nata con el resto de la leche, la vainilla y el azúcar. Cuando hierva, retiramos del fuego y mezclamos con la leche, la maizena y las yemas. Volvemos a poner a fuego lento, removiendo sin parar hasta que espese. Retiramos del fuego y añadimos una cucharada de mantequilla. Dejamos enfriar y mezclamos con las pasas hidratadas y los frutos secos.

Preparamos las rejas de pasta brisa y caramelo. Precalentamos el horno a 200°. Hacemos cuatro bolas de papel de hornear de tamaño un poco mayor que las manzanas. Cortamos cuatro trozos de pasta brisa y usamos un rodillo de rejilla o un cuchillo bien afilado para formar el enrejado. Colocamos un trozo de pasta brisa cubriendo cada bola de papel vegetal y horneamos 15 minutos. Una vez hechas, extraemos con cuidado la bola de papel de hornear del interior.

Preparamos el caramelo poniendo el azúcar en un recipiente antiadherente a fuego medio, hasta que se vuelva líquido y adquiera un tono oscuro. Una vez horneada la rejilla de pasta brisa, la pasamos sobre el caramelo con cuidado de no quemarnos, de manera que se impregne bien por toda su superficie, y la dejamos secar. Para servir, disponemos una manzana por comensal, rellenamos generosamente con la crema y tapamos con la rejilla de pasta y caramelo.

Ingredientes para 4 personas:

Para las manzanas asadas rellenas:
- 4 manzanas reineta
- 4 cucharadas colmadas de crema pastelera
- Un puñado de nueces y almendras troceadas y pasas

Para la decoración:
- 2 láminas de pasta brisa
- 150 g de azúcar

Para la crema pastelera:
- 80 ml de leche
- 80 ml de nata
- 50 g de azúcar
- Una yema de huevo mediano
- Una pizca de vainilla
- 10 g de maizena

Equipamiento (opcional): rodillo de enrejado

Minibuñuelos de chocolate

La ventaja de preparar minibuñuelos en una máquina es que la forma queda perfecta, y además resultan más ligeros que los fritos. La desventaja de preparar minibuñuelos es que no se ha documentado ningún caso de personas capaces de comerse menos de diez de una sentada… ¡Avisados estáis!

Vamos a comenzar preparando la masa de los minibuñuelos. Mezclamos la levadura con las dos harinas, deshaciéndola en miguitas. Agregamos la mantequilla, el azúcar, la sal y, por último, el huevo y la leche. La masa es muy blandita y pegajosa. Amasamos unos 10 minutos. Formamos una bola, la ponemos en un bol y la dejamos reposar en un lugar cálido tapado con un paño durante 2 horas.

Encendemos la máquina de buñuelos. Nos engrasamos las manos con un poco de aceite de girasol y tomamos pequeñas porciones de masa hasta formar una bolita con cada una de ellas. Hacemos un agujero en el centro de cada bolita con el dedo untado en aceite y depositamos estas "rosquillas" sobre cada hueco de la máquina de hacer buñuelos. Cerramos la máquina y cocemos los buñuelos 1 minuto, máximo 2. Sacamos y pasamos los buñuelos a una rejilla para que se enfríen y mientras preparamos el resto de buñuelos hasta acabar con la masa. Si no disponemos de la máquina de hacer buñuelos, podemos cortarlos y freírlos en abundante aceite muy caliente.

Para preparar el glaseado de chocolate, mezclamos en primer lugar el azúcar y el agua. Fundimos el chocolate en el microondas, de 30 en 30 segundos, removiendo cada vez, hasta obtener una mezcla homogénea. Vertemos el chocolate fundido sobre la mezcla de agua y azúcar y removemos hasta que esté completamente integrado. Introducimos los buñuelos de uno en uno en el glaseado de chocolate, solo hasta la mitad, y al hacerlo los giramos sobre sí mismos un poco para que queden bien cubiertos. Dejamos secar en un lugar fresco.

Ingredientes para 48 minibuñuelos:

- 300 g de harina normal
- 200 g de harina de fuerza
- 25 g de levadura fresca de panadería
- 100 g de azúcar
- 60 g de mantequilla, a temperatura ambiente
- Una pizca de sal
- 2 huevos
- 250 ml de leche

Para el glaseado de chocolate *fondant*:
- 200 g de azúcar glas
- 10 cucharadas de agua
- 150 g de chocolate para fundir

Equipamiento (opcional): máquina de buñuelos

Minimagdalenas

La primera vez que preparé estas magdalenas mi hijo Pablo vino a la cocina, me abrazó y me dijo: "Edes la mejoz mamá del mundo podque haces unas madalenitas diquízimas". Como comprenderéis, desde entonces son mis favoritas. Y las de Pablo también.

Preparamos un molde rígido poniendo en cada hueco cápsulas para minimagdalenas. En un bol amplio batimos los huevos con el azúcar con ayuda del batidor de varillas eléctrico, hasta que tripliquen su tamaño. Puede llevar perfectamente 10 o 15 minutos. Añadimos la leche y el aceite y mezclamos bien. Por último, agregamos la harina tamizada con la sal y la levadura y removemos con cuidado con una espátula hasta que no queden grumos. Vertemos la masa en una manga pastelera grande, cortamos la puntita y vamos rellenando las cápsulas de magdalena hasta ¾ partes de su capacidad. Dejamos reposar la masa al menos 1 hora en el frigorífico.

Precalentamos el horno a 250º. Bajamos la temperatura a 210º y horneamos las minimagdalenas 7-8 minutos. Retiramos del horno y dejamos enfriar.

Con la misma receta podemos preparar magdalenas de tamaño normal, aunque en ese caso bajaremos la temperatura del horno a 200º y 180º para hornear y tendrán que cocerse unos 12 minutos. Si no disponemos de moldes de minimagdalenas, podemos usar papeles de trufa de los que pueden encontrarse en cualquier supermercado.

Ingredientes para 48 minimagdalenas:

- 250 g de azúcar
- 3 huevos medianos
- 200 ml de aceite de girasol
- 150 ml de leche
- 300 g de harina
- Una pizca de sal
- Un sobre de levadura química

Magdalenas al vapor

Hace unos meses se me estropeó el horno... Pero no penséis que lo llevé mal. Soy una mujer adulta y apenas lloriqueé unas 3 o 4 horas. Al investigar sobre métodos alternativos de cocción me encontré con estas magdalenas al vapor, que son bastante comunes en Malasia, donde se denominan Apam Dot Dot.

En un bol amplio, batimos los huevos con el azúcar hasta blanquearlos. Añadimos la leche, la harina y la levadura y removemos con cuidado hasta integrar todos los ingredientes. Dividimos la masa en dos. A una de las mitades le añadimos la fresa en polvo y removemos hasta integrar. Si no disponemos de fresa deshidratada en polvo, podemos usar cacao puro en polvo o unas gotas de colorante alimentario, ya que se trata de que haya dos masas de distinto color. Pasamos cada masa a una manga pastelera.

Ponemos agua a hervir en una cazuela que disponga de cestillo para cocer al vapor. Preparamos unos moldes de silicona, cristal o aluminio, poniendo dentro papel de magdalenas (el molde rígido sirve para evitar que el vapor humedezca el papel de las magdalenas). Cortamos la punta de la manga pastelera, llenamos con masa blanca cada cápsula de magdalenas a ⅓ de su capacidad, ponemos una cucharadita de mermelada encima y terminamos de rellenar las cápsulas de magdalena con más masa hasta llegar a las ⅔ partes de su capacidad. Cortamos una puntita pequeñita de la manga pastelera que tiene la masa rosa y vamos depositando pequeños puntos rosas en la masa blanca a modo de lunares para decorar. Repetimos el proceso hasta terminar con toda la masa.

Colocamos las magdalenas en el cestillo y cocemos suave al vapor durante 10-15 minutos. Sacamos, comprobamos que estén bien cocidas pinchándolas con un palillo y dejamos enfriar sobre una rejilla. Si no las vamos a consumir en el mismo día, la mejor opción es congelarlas, ya que tienden a ponerse duras con rapidez.

Ingredientes para 12 magdalenas:

- 3 huevos
- 200 g de azúcar
- 150 ml de leche
- 300 g de harina
- 3 cucharaditas rasas de levadura química
- 3 cucharadas de fresas deshidratadas en polvo (o cacao puro en polvo). Opcional
- Mermelada de cerezas para rellenar (o crema de cacao)

Cupcakes piñata

Si sois aficionados a los programas de vídeos caseros, sabréis que las piñatas suelen acabar en dolor para alguien. Normal, porque a quién se le ocurre taparle los ojos a un niño, darle un palo y ¡quedarse al alcance! Así que os propongo, queridos papás, una versión mucho menos peligrosa de la piñata para un cumpleaños infantil.

Troceamos el chocolate y lo fundimos en el microondas o al baño María. Para hacerlo en el microondas programamos de 30 en 30 segundos y vamos removiendo cada vez (normalmente en 1 minuto y medio está totalmente fundida esta cantidad de chocolate).

Vertemos un par de cucharaditas de chocolate en cada cavidad del molde y comenzamos a girarlo, de modo que el chocolate se distribuya bien por toda la superficie. Seguimos girando el molde hasta que todas las cavidades estén bien cubiertas y el chocolate ya no se mueva al girarlo. También puede hacerse pincelando las cavidades del molde con chocolate. Una vez listo, limpiamos los bordes del molde para que las semiesferas de chocolate queden perfectas y dejamos que el chocolate se endurezca en un lugar fresco o en el frigorífico.

Desmoldamos las semiesferas de chocolate con cuidado, las rellenamos con grageas de chocolate o similar y las colocamos con cuidado sobre las magdalenas. Hay que trabajar con cierta rapidez para no dejar marcas de huellas en el chocolate. Para decorar nuestros *cupcakes* con bolitas de colores, una vez desmoldadas las semiesferas de chocolate, fundimos un poco más de chocolate y con un pincel untamos la superficie de la semiesfera. A continuación dejamos caer por encima las bolitas de colores y ponemos a secar nuevamente. Para servir, golpeamos la cúpula de chocolate con el dorso de una cuchara para romperla y que caigan las golosinas, como si fuese una piñata.

Ingredientes para 6 cupcakes:

- 150 g de chocolate para fundir
- 6 magdalenas (ver receta página 75)
- Bolitas de colores (opcional)
- Grageas de chocolate o similar

Equipamiento: molde de silicona con forma de semiesfera de 6 cavidades

Hi-hat cupcakes

Sé lo que estás pensando. Pero no creo que chupar la foto sea una buena idea. Mejor toma nota y, ¡en un ratito los tienes preparados!

Comenzamos preparando la crema de chocolate. Llevamos a ebullición la nata con el azúcar, removiendo de vez en cuando. Cuando hierva retiramos del fuego y añadimos el chocolate troceado. Dejamos reposar 5 minutos y a continuación removemos hasta que esté completamente fundido. Dejamos la crema de chocolate guardada en un recipiente hermético en el frigorífico. Al día siguiente la crema ya estará lo suficientemente fría para montarla.

Seguimos preparando los *cupcakes*. Precalentamos el horno a 180º y colocamos 12 conos de helado sobre una bandeja de horno forrada con papel vegetal. En un bol amplio batimos la mantequilla y el azúcar y añadimos los huevos de uno en uno (no agregamos el siguiente hasta que el anterior esté perfectamente integrado). Incorporamos la harina, la sal y la levadura. Mezclamos bien con una espátula. Repartimos la mezcla entre los conos de helado (si lo hacemos con una manga pastelera será más cómodo), llenándolos hasta ²/₃ partes de su capacidad. Horneamos unos 20 minutos. Retiramos del horno y dejamos enfriar. Cuando estén fríos, con un batidor eléctrico de varillas montamos la crema de chocolate a velocidad máxima. La ponemos en una manga pastelera con boquilla redonda y, con movimientos circulares, la distribuimos sobre los conos. Conservamos en el congelador hasta que la crema esté completamente congelada.

Fundimos el chocolate de la cobertura junto con la manteca en el microondas y lo vertemos en un vaso alto. Esperamos a que se enfríe un poco (al meter el dedo no notamos ni frío ni calor). Cogemos los *cupcakes* por la base y los introducimos boca abajo en el chocolate fundido para cubrir completamente la parte superior. Sacamos, espolvoreamos unos sprinkles por encima y dejamos en el frigorífico hasta que se solidifique el chocolate.

Ingredientes para 12 cupcakes:

Para los *cupcakes*:
- 250 g de mantequilla, a temperatura ambiente
- 250 g de azúcar
- 4 huevos
- 250 g de harina
- Una cucharadita de levadura química en polvo
- Una pizca de sal
- 12 conos de helado con base plana

Para la crema de chocolate:
- 500 ml de nata para montar (35% MG)
- 100 g de azúcar
- 250 g de chocolate, troceado

Para la cobertura crujiente de chocolate:
- 150 g de chocolate para fundir
- 50 g de manteca de cacao (opcional)
- Sprinkles de colores

Rose cupcakes

Mucha gente piensa que las cremas de mantequilla son pesadas. Es cierto que muchas lo son, pero si probáis esta os sorprenderá totalmente por su ligereza y cremosidad. Además podéis aromatizarla con vuestro sabor favorito: café, cacao, limón… Probadla y preparaos para no necesitar jamás un sillón para sentaros sobre mullido.

Elaboramos las magdalenas según la receta de la página 75 y dejamos enfriar.

Preparamos la crema de mantequilla. Comenzamos hirviendo el agua y el azúcar, removiendo al principio hasta que se disuelva el azúcar, para formar el almíbar. Cuando comience a hervir lo dejamos un minuto y retiramos inmediatamente del fuego. Montamos las claras con un batidor de varillas a velocidad máxima. Cuando estén medio montadas, sin dejar de batir añadimos el almíbar caliente en hilo, muy lentamente. Continuamos batiendo hasta que se enfríe la mezcla, obteniendo un merengue brillante y esponjoso. En un bol aparte batimos la mantequilla y a continuación añadimos el merengue. Seguimos batiendo a máxima velocidad hasta conseguir una crema blanquecina y muy esponjosa.

Pasamos ahora a decorar los *cupcakes*. En primer lugar, sobre cada magdalena aplicamos una capa de crema de mantequilla. La crema sobrante la introducimos en una manga pastelera con una boquilla especial para hacer pétalos de rosa, la 104 de Wilton. Con la mano izquierda sujetamos el *cupcake* por la base. Con la mano derecha y con la parte estrecha de la boquilla hacia arriba, depositamos en el centro de la magdalena una pequeña cantidad de crema de mantequilla, girando el *cupcake* 360° para formar el capullo. A continuación, vamos haciendo pétalos rodeando el capullo, superponiendo unos con otros hasta obtener una rosa del tamaño de nuestra magdalena. Conservamos en un lugar fresco.

Ingredientes para 12 cupcakes:

- 12 minimagdalenas (ver receta en la página 75)
- 100 g de azúcar
- 30 ml de agua
- 2 claras de huevo pasteurizadas
- 300 g de mantequilla blanda

Baumkuchen

El *baumkuchen* no es más que un bizcocho sin levadura de origen alemán. Al no llevar levadura es importante montar bien los huevos y blanquear la mantequilla con el azúcar. En este caso, me temo que blanquear fuera del ámbito financiero tiene un significado mucho menos emocionante y lucrativo: se trata de batir la mezcla de mantequilla y azúcar para que aumente de volumen y se vuelva esponjosa y blanquecina.

Preparamos el bizcocho. Separamos las claras de las yemas y reservamos las claras. Batimos la mantequilla con el azúcar hasta blanquear (con un batidor eléctrico de varillas). Añadimos las yemas de una en una e incorporamos la harina mezclada con la maizena. Aparte, montamos las claras a punto de nieve con una pizca de sal hasta que estén bien firmes y las incorporamos delicadamente a la mezcla anterior. Dividimos la masa en dos partes iguales y agregamos el cacao a una de ellas y la vainilla a la otra. Después mezclamos bien cada una de las partes.

Precalentamos el grill del horno. Forramos un molde desmontable de 20 cm con papel vegetal. Tomamos dos cucharadas soperas de masa blanca y las distribuimos sobre el molde, dejando una capa muy finita (como un crepe). Doramos esta capa 2-3 minutos bajo el grill. Deberá quedar cocida, ligeramente dorada, pero sin estar tostada o seca. Sacamos el molde del horno y distribuimos dos cucharadas de pasta de chocolate por encima de la capa anterior. Volvemos a hornear 2-3 minutos bajo el grill. Procedemos igual que anteriormente, alternando las dos masas hasta agotarlas. Sacamos del horno, esperamos 15 minutos y desmoldamos con cuidado. Dejamos enfriar completamente.

Preparamos la cobertura de chocolate. Ponemos a hervir la nata y cuando hierva, la retiramos del fuego. Añadimos el chocolate troceado y la mantequilla, dejamos reposar unos minutos y removemos delicadamente hasta obtener una mezcla homogénea. Dejamos templar unos minutos. Ponemos el bizcocho sobre una rejilla y bañamos con la cobertura. Dejamos solidificar la cobertura ligeramente y lo pasamos al frigorífico para que termine de endurecerse. Si lo deseamos, podemos decorar los laterales del bizcocho con bolitas de chocolate.

Ingredientes para 12 personas:

Para el bizcocho:
- 7 huevos medianos, a temperatura ambiente
- 250 g de mantequilla en pomada
- 250 g de azúcar
- 150 g de harina
- 100 g de maizena
- Una pizca de sal
- Una pizca de vainilla en polvo o extracto de vainilla
- 2 cucharadas de cacao puro en polvo

Para la cobertura:
- 200 ml de nata (35% MG)
- 200 g de chocolate de cobertura negro
- Una cucharada sopera de mantequilla

Para decorar (opcional):
- Bolitas de chocolate

Minitartas con galletas

Hay momentos en la vida en los que te ves en una encrucijada: ¿qué tomo: galletas, tarta, bizcocho? Si a vosotros también os cuesta tomar decisiones difíciles, este es vuestro postre. Además os permitirá personalizar la tarta grabando en la galleta un nombre, una fecha o las flores favoritas del homenajeado.

Precalentamos el horno a 180°. Preparamos 4 moldes de bizcocho redondos (10 cm) engrasándolos con mantequilla y enharinándolos ligeramente. Aparte, batimos la mantequilla con el azúcar y añadimos los huevos de uno en uno, hasta que estén integrados. Agregamos la harina, la maizena y la levadura y mezclamos bien. Repartimos la mezcla entre los moldes y horneamos 20 minutos a 150°. Sacamos del horno, desmoldamos y dejamos enfriar. Con una lira o cuchillo afilado nivelamos los bizcochos cortando la parte abombada para que todas las capas sean rectas y del mismo grosor.

Preparamos la crema de chocolate batiendo la mantequilla con el azúcar a máxima velocidad con un batidor de varillas, hasta que esté ligera y esponjosa. Agregamos el cacao y la leche poco a poco y batimos un poco más hasta integrarlo completamente.

Procedemos a rellenar y cubrir las tartas. En el plato donde vayamos a servir (cubierto con recortes de papel de hornear, para no mancharlo) colocamos uno de los bizcochos. Ponemos un par de cucharadas de la crema de cacao, distribuimos y colocamos otro bizcocho encima (con la parte de abajo hacia arriba), asegurándonos de que está bien alineado con el bizcocho inferior. Repetimos el proceso con la otra minitarta. Con una espátula cubrimos nuestras minitartas con una primera capa de crema de chocolate, muy fina. Dejamos las minitartas 15 minutos en el congelador. Damos ahora una segunda capa de crema a nuestras tartas y, empezando por la parte superior, añadimos una capa de crema de cacao distribuyéndola con una espátula alrededor de la tarta. Limpiamos y humedecemos la espátula y la pasamos por los laterales de la tarta hasta lograr un acabado perfecto. Retiramos los recortes de papel vegetal de la parte inferior con cuidado. Finalizamos colocando una galleta grabada sobre cada una de las minitartas.

Ingredientes para 2 minitartas de 10 cm:

- 250 g de mantequilla, a temperatura ambiente
- 250 g de azúcar
- 4 huevos
- 225 g de harina normal
- 25 g de maizena
- Medio sobre de levadura química

Para la crema de cacao:
- 90 g de cacao
- 150 g de mantequilla, a temperatura ambiente
- 150 g de azúcar glas
- Un chorrito de leche

Para decorar:
- Dos galletas grabadas del diámetro de nuestras minitartas, preparadas según la receta de la página 34

Equipamiento: moldes de bizcocho redondos de 10 cm

Tarta de nata y chocolate

Qué bien que los Reyes te trajeran este libro. Sí, ya sé que te sentiste mal porque tú querías una WII y lo único peor que te podían haber traído eran unos calcetines de renos. Pero es que los Reyes, ya lo dice todo el mundo, son Reyes Majos, y gracias a su regalo vas a poder probar esta superreceta.

Preparamos la base mezclando todos los ingredientes hasta formar una bola. Envolvemos en papel film y dejamos en el frigorífico media hora. Engrasamos un molde desmontable de 24 cm. Extendemos la masa con el rodillo sobre una superficie enharinada, enrollamos la masa sobre el rodillo y la vamos desenrollando sobre el molde hasta cubrirlo. Presionamos los bordes de la masa para que quede bien adherida al molde y la refrigeramos 30 minutos, mientras precalentamos el horno a 180°. Cubrimos el fondo de la tarta con papel sulfurizado, rellenamos con legumbres a modo de peso para que no suba al hornear y cocinamos nuestra base en el horno durante unos 25 minutos. Sacamos y dejamos enfriar. Desmoldamos.

Ahora preparamos la salsa de caramelo salado. Ponemos el azúcar en un cazo a fuego medio y esperamos sin mover a que se convierta en caramelo. Retiramos el cazo del fuego, agregamos inmediatamente la mantequilla, la sal y la nata y removemos constantemente hasta obtener una salsa homogénea. Dejamos enfriar y posteriormente vertemos sobre la base.

Preparamos la crema de chocolate. Ponemos a hervir la nata en un cazo mientras troceamos el chocolate. Cuando hierva, retiramos del fuego y agregamos el chocolate troceado. Dejamos reposar unos minutos y removemos hasta lograr una crema homogénea. Vertemos sobre la base y dejamos en el frigorífico de un día para otro.

Antes de servir, montamos la nata con el azúcar batiéndola a máxima velocidad con un batidor eléctrico de varillas. Decoramos la tarta con montoncitos de nata montada y finalizamos espolvoreando con cacao.

Ingredientes para 16 personas:

Para la base:
- 250 g de harina
- 30 g de almendras molidas
- 150 g de mantequilla fría, cortada en cuadraditos
- 80 g de azúcar
- Un huevo
- Una pizca de sal
- Una pizca de vainilla en polvo

Para la salsa de caramelo salado:
- 70 g de azúcar
- 70 ml de nata
- Una cucharadita de mantequilla
- Una pizca de sal

Para la crema de chocolate:
- 500 ml de nata
- 350 g de chocolate negro

Para la nata montada:
- 300 ml de nata para montar muy fría (mínimo 35% de MG)
- 2 cucharas colmadas de azúcar

Opcional: cacao en polvo para espolvorear por encima

Tarta tonta de queso

La llamo tarta tonta porque es de esas recetas que preparas un día haciendo experimentos con lo que tienes por la despensa y resulta estar sorprendentemente buena. Es la favorita de mi marido. ¡Y encima es sin horno!

Comenzamos preparando la base. Para ello, trituramos las galletas con ayuda de un robot de cocina o metiéndolas dentro de una bolsa y golpeándolas con un rodillo, hasta obtener un polvo de galleta fino. Derretimos la mantequilla y mezclamos con la galleta en polvo (debe quedar como arena mojada). Cubrimos la base de un molde desmontable de 20 a 24 cm con papel de hornear, distribuimos encima la masa de galleta, presionando bien, e introducimos en el congelador mientras preparamos el relleno de nuestra tarta de queso.

Continuamos preparando la crema de queso. Ponemos todos los ingredientes en un cazo a fuego lento y removemos con energía hasta que se haya disuelto el preparado para flan y no haya grumos. Subimos el fuego y seguimos removiendo sin parar hasta que la mezcla hierva (puede tardar unos 10 minutos). Retiramos del fuego y vertemos la crema de queso sobre la base de galleta que teníamos preparada. Llevamos al frigorífico al menos un par de horas, aunque queda mejor de un día para otro.

Por último preparamos la salsa de fresa. Trituramos las fresas, el azúcar y el zumo de limón y distribuimos sobre la tarta.

Ingredientes para 12 personas:

Para la base:
- 150 g de galletas tipo digestive
- 70 g de mantequilla

Para el relleno:
- 200 ml de creme fraîche (nata fresca. Puede sustituirse por nata normal o yogur griego)
- 400 g de leche condensada (1 bote pequeño)
- 600 g queso cremoso (Philadelphia o similar, a temperatura ambiente)
- Un paquete de preparado para flan (para preparar 4 raciones de flan)

Para la cobertura:
- 300 g de fresas
- Zumo de medio limón
- 3 cucharadas de azúcar

Tarta de cumpleaños

Os voy a enseñar un truco genial para que no os engorde esta deliciosa tarta de chocolate. En primer lugar, respira hondo y concéntrate. Gira la cabeza despacio hacia la izquierda. Gira ahora la cabeza despacio hacia la derecha. Repite enérgicamente cada vez que alguien te ofrezca una porción.

Precalentamos el horno a 180º. Preparamos 4 moldes iguales de 18 cm, engrasándolos con mantequilla y enharinándolos ligeramente. Batimos la mantequilla con el azúcar y añadimos los huevos de uno en uno, sin agregar el siguiente hasta que el anterior esté perfectamente integrado. Incorporamos la harina, la maizena y la levadura y mezclamos bien. Repartimos la mezcla entre los moldes y horneamos 25-30 minutos a 180º. Sacamos del horno, desmoldamos con cuidado y dejamos enfriar. Con una lira o cuchillo afilado nivelamos los bizcochos para que todas las capas queden rectas y tengan el mismo grosor.

Preparamos la crema de chocolate. Fundimos el chocolate en el microondas y dejamos enfriar un poco. Batimos la mantequilla con el azúcar a máxima velocidad hasta que esté ligera y esponjosa. Mezclamos bien con el chocolate y procedemos a rellenar y decorar la tarta.

En el plato donde vayamos a servir, cubierto con recortes de papel de hornear para no manchar y que se puedan retirar posteriormente con facilidad, colocamos una capa de bizcocho. Ponemos un par de cucharadas de crema encima, distribuimos y colocamos otra capa de bizcocho sobre la anterior (con la parte de abajo hacia arriba), asegurándonos de que esté bien alineado con el bizcocho inferior. Repetimos el proceso hasta finalizar todas las capas. Con una espátula cubrimos todo el exterior de la tarta con una primera capa de crema de chocolate, muy fina. Dejamos la tarta 15 minutos en el frigorífico. Retiramos del frigorífico y con una manga pastelera con boquilla redonda vamos depositando botones de crema en un lateral de la tarta, formando una línea recta vertical. Colocamos una espátula sobre cada montoncito y la deslizamos hacia la derecha. Limpiamos la espátula y repetimos el proceso. Cada vez que terminemos con una fila de puntos, cogemos la manga, creamos una nueva línea de puntos y repetimos el patrón a lo largo de toda la tarta. Retiramos con cuidado los recortes de papel vegetal de la parte inferior de la tarta y servimos.

Ingredientes para 18-24 personas:

- 500 g de mantequilla, a temperatura ambiente
- 500 g de azúcar
- 8 huevos
- 450 g de harina normal
- 50 g de maizena
- Un sobre de levadura química

Para la crema de chocolate:
- 750 g de chocolate para fundir
- 375 g de mantequilla, a temperatura ambiente
- 100 g de azúcar glas

Cuencos de hielo

La solución ideal para que con los calores del verano el helado no acabe convertido en sopa antes de llegar a la mesa: ¡presentarlo en un bol de hielo! Una idea que vas a usar en más de una ocasión, ya que puedes variar la decoración, usando rodajas de cítricos por ejemplo, o utilizar los cuencos para presentar un salmorejo o una bebida fría.

Llenamos la base del cuenco más grande con un dedo de agua y lo dejamos en el congelador hasta que se congele.

Sacamos del congelador y ponemos el cuenco más pequeño dentro del otro, sobre la base de hielo que hemos preparado anteriormente. Para rellenar los laterales del cuenco, situamos unos cuantos cubitos de hielo y vamos colocando las flores comestibles. Los cubitos nos ayudarán a que las flores queden sujetas y no floten cuando añadamos el agua a continuación. Rellenamos el hueco entre los dos boles con agua, sin llegar hasta el borde (ya que el agua aumenta de volumen al congelarse). Conservamos en el congelador. Si el cuenco de la parte superior flota y no se mantiene en su posición, lo rellenamos con un poco de agua o hielos o colocamos una fruta encima para hacer peso.

Para desmoldar el cuenco de hielo, sacamos del congelador y dejamos unos 10 minutos a temperatura ambiente. Eso debería ser suficiente para despegar el cuenco sin problemas. Si no es así, podemos frotar el exterior del cuenco con un paño mojado en agua caliente hasta que se despegue. Conservamos en el congelador hasta el momento de servir.

Ingredientes para 1 bol de hielo:

Ingredientes (para cada bol de hielo)
- 2 cuencos de distinto tamaño
- Agua
- Cubitos de hielo
- Flores comestibles (Viola Star)

Sándwich fácil de helado

No sé si sabéis que las mamás tenemos superpoderes. El superpoder de ver el futuro: "Te vas a caer", "Te vas a manchar". El de abrir los "abrefáciles" sin usar los dientes ni las tijeras… Y luego está el superpoder de preparar algo bueno para comer cuando, después de volver de vacaciones, te encuentras la nevera vacía. De ahí surgen estos sándwiches de helado.

Cogemos las galletas de dos en dos y colocamos una bola de helado entre ellas. Presionamos para formar el sándwich. Si es un helado de bloque, también podemos cortar el helado con un cortapastas del tamaño de las galletas, para que quede un sándwich perfecto.

Guardamos todos los sándwiches helados en el congelador, para que estén perfectamente congelados antes de sumergirlos en el chocolate.

Preparamos dos boles. En uno colocamos las avellanas troceadas. En el otro ponemos el chocolate troceado y la manteca de cacao y fundimos en el microondas de 30 en 30 segundos, removiendo cada vez. Cuando esté totalmente fundido, lo dejamos enfriar a temperatura ambiente hasta que no esté caliente (unos 15 minutos).

Sumergimos los sándwiches helados de uno en uno en el chocolate cubriéndolos hasta la mitad. Escurrimos el exceso de chocolate y los rebozamos en las avellanas picadas. Depositamos nuestros sándwiches en el congelador, sobre papel de hornear para no manchar mucho, y esperamos a que el chocolate se solidifique (10 minutos). Consumimos en el momento o conservamos en el congelador hasta su consumo, envueltos en papel encerado o papel film, para que no cojan olores extraños en el congelador.

Ingredientes para 8 sándwiches:

Para los sándwiches:
- 16 galletas tipo María
- 8 bolas de helado de vainilla

Para la cobertura de chocolate:
- 250 g de chocolate para fundir
- 50 g de manteca de cacao (opcional)
- 100 g de avellanas troceadas

Polos de limón, miel y menta

Cuando Escarlata O'Hara probó esta receta, exclamó su famoso: "A Dios pongo por testigo de que jamás volveré a comprar un polo en la tienda". Así de buenos están.

Para hacer el almíbar, ponemos a hervir el agua con el azúcar a fuego medio-alto. Cuando hierva retiramos del fuego, añadimos la miel y la menta y dejamos infusionar hasta que esté totalmente frío.

Preparamos el zumo de limón. Retiramos las hojas de menta del almíbar que habíamos preparado previamente y mezclamos con el zumo de limón.

Si queremos decorar los polos, añadimos unas flores comestibles y unas hojas de menta al líquido. Vertemos la mezcla en los moldes de polo, colocamos los palitos y llevamos al congelador varias horas, aunque es mejor de un día para otro.

También podemos decorar los polos usando rodajas de limón ecológico cortadas muy finas. Si no disponemos de moldes para polos, podemos prepararlos en vasos de chupito, esperando un poco antes de colocar el palito para que el polo ya esté semicongelado y se sujete bien.

Ingredientes para 8 polos:

- 200 ml de agua
- 200 g de azúcar
- 1-2 cucharadas de miel
- Unas hojas de menta
- 200 ml de zumo de limón
- Flores comestibles (como claveles freedom)

Equipamiento (opcional): moldes para polos

Brazo de gitano helado

El "rollo ártico" *(artic roll)* es un postre típico inglés que, contrariamente a lo que su nombre pueda indicar, no es nada aburrido. Se trata de un brazo de gitano relleno de helado y mermelada, y que en este caso además va decorado para dejar a tus invitados ¡completamente helados!

Comenzamos preparando el relleno, ya que hay que dar forma de rulo al helado. Ponemos bolas de helado sobre una lámina de papel transparente, lo envolvemos, cerramos los extremos y lo giramos hasta que tenga la forma deseada y esté bien apretado. Lo llevamos al congelador hasta que lo vayamos a usar. Aparte, preparamos la pasta que nos servirá para decorar el bizcocho. Mezclamos todos los ingredientes. Sobre papel de hornear colocamos una plantilla o *stencil* y, sujetándola con firmeza, distribuimos por encima una capa muy fina de pasta decorativa, con ayuda de una paleta y cubriendo bien todos los huecos con la pasta decorativa. Retiramos con cuidado la plantilla y dejamos en el congelador unos 15 minutos. Si no disponemos de plantilla, podemos hacer el dibujo que queramos a mano utilizando una manga pastelera.

Precalentamos el horno a 180°. Para preparar el bizcocho batimos los huevos con el azúcar hasta blanquearlos, añadimos la sal y la harina tamizada y mezclamos con cuidado con una espátula, intentando que la masa no pierda esponjosidad. Sacamos del congelador el papel de hornear con la pasta decorativa y lo colocamos sobre una bandeja de horno. Distribuimos uniformemente la masa de bizcocho por encima, introducimos en el horno y cocinamos unos 7-8 minutos.

Mientras, humedecemos un paño de cocina y lo extendemos en la encimera. Sacamos el bizcocho del horno y lo ponemos sobre el paño húmedo (la parte decorada, abajo). Colocamos otro papel vegetal encima, lo enrollamos y lo dejamos enfriar. Cuando esté totalmente frío, desenrollamos con cuidado y despegamos las hojas de papel vegetal. Untamos la parte interior del bizcocho con mermelada y colocamos en el centro el rollo de helado. Cerramos la plancha de bizcocho alrededor del helado apretando bien, cortamos la masa que sobre en los extremos, cubrimos con papel film, y conservamos en el congelador. Sacamos del congelador unos 15 minutos antes de servir y lo presentamos cortado en rodajas y acompañado de más mermelada.

Ingredientes para 8 personas:

Para la decoración del bizcocho:
- 1 clara de huevo
- 20 g de cacao puro en polvo
- 20 g de harina
- 30 g de mantequilla fundida, fría

Para el bizcocho:
- 4 huevos
- 120 g de azúcar
- 120 g de harina
- Una pizca de sal

Para el relleno:
- 1,5 litros de helado de leche merengada
- 2 cucharadas de mermelada de fresa

Recetas saladas

Ositos de pan

Estos panecillos pueden parecer complicados, pero creedme cuando os digo que la única dificultad que vais a encontrar es comeros estos ositos tan tiernos mirándolos a los ojos… ¿Os animáis a probar?

Mezclamos la harina y la levadura en un bol amplio, agregamos el azúcar y la sal e integramos bien. Añadimos el huevo y la leche. Mezclamos bien con la ayuda de una cuchara o una rasqueta de panadero. Sacamos la masa del bol y amasamos. Después de 5 minutos notaremos cómo la masa se vuelve cada vez más elástica. Agregamos la mantequilla y amasamos otros 5-10 minutos, hasta que obtengamos una masa suave, plegable y ligeramente brillante. Formamos una bola y dejamos reposar en un bol levemente enharinado, que tapamos con un paño.

Tras 1 hora o 1 hora y media, la masa deberá haber crecido y duplicado su volumen. Precalentamos el horno a 200º. Sacamos la masa del bol y la desgasificamos ligeramente, tocándola y aplastándola con los dedos. Cortamos la masa en 16 porciones y formamos una bola con cada una de ellas, salvo con una que reservamos para las orejitas. Colocamos las 16 bolas en una bandeja de horno forrada de papel vegetal y damos forma a las orejas haciendo pequeñas bolitas con la masa sobrante. Posteriormente las pegamos con un poco de agua a la bolas que harán de cabeza. Dejamos reposar 15 minutos.

Horneamos los ositos unos 10-15 minutos, hasta que estén dorados. Dejamos enfriar y con un rotulador comestible dibujamos los ojos y la nariz. Para servir colocamos sobre tazas, ramequins, etc. Si no disponemos de rotulador comestible negro, podemos usar clavo o unas gotas de chocolate fundido, y preparar así la receta en versión dulce.

Ingredientes para 16 panecillos:

- 300 g de harina de fuerza
- Un sobre de levadura seca de panadería (son unos 5 g)
- Una cucharada sopera de azúcar
- Una cucharadita de sal
- 40 g de mantequilla, a temperatura ambiente
- Un huevo
- 175 ml de leche, a temperatura ambiente

Equipamiento (opcional): rotulador comestible negro

Pan de remolacha

Que no te guste la remolacha no es excusa para no preparar este pan, ya que en este caso no aporta nada de sabor, solo una textura y un color muy especiales. Es ideal para tener un detallito, por ejemplo en San Valentín.

Mezclamos la harina y la levadura en un bol amplio, agregamos el azúcar, la sal y la pimienta e integramos bien. Añadimos la remolacha y el agua. Mezclamos con la ayuda de una cuchara o una rasqueta de panadero. Agregamos la mantequilla y mezclamos bien de nuevo. Nos engrasamos las manos con aceite de oliva, así como la superficie donde vayamos a trabajar la masa. Sacamos la masa del bol y comenzamos a amasar. Es una masa blandita y difícil de manejar sin las manos engrasadas. Después de 5 minutos notaremos cómo la masa se vuelve cada vez más elástica. Amasamos otros 5-10 minutos, hasta que obtengamos una masa suave y ligeramente brillante. Formamos una bola y dejamos reposar en un bol levemente enharinado, que tapamos con un paño. Tras un par de horas, la masa deberá haber crecido y duplicado su volumen.

Sacamos la masa del bol (siempre con las manos engrasadas, así como la superficie donde vayamos a trabajar) y la desgasificamos ligeramente, tocándola y aplastándola con los dedos. Cortamos la masa en 24 porciones y formamos una bola con cada una de ellas. Colocamos las bolas en una bandeja de horno forrada de papel vegetal y dejamos reposar 15-30 minutos, mientras precalentamos el horno a 200º. Para decorar, ponemos una plantilla con forma de corazón sobre cada pan y con un colador espolvoreamos un poco de harina. Retiramos la plantilla con cuidado y horneamos los panecillos unos 10-15 minutos. Dejamos enfriar sobre una rejilla.

Ingredientes para 24 panecillos:

- 200 g de remolacha cocida triturada
- 650 g de harina de fuerza
- 25 g de levadura fresca de panadería
- 25 g de azúcar o un par de cucharadas colmadas de miel
- 300 ml de agua
- Una cucharadita y media de sal
- Pimienta negra recién molida
- 50 g de mantequilla, a temperatura ambiente

Panecillos de cerdito

Qué difícil es ponerle nombre a este tipo de recetas. Porque, claro, en este caso reconoceréis que "pan cerdo" no suena bien. Cuando ocurre esto hay que recurrir a los diminutivos. En diminutivo todo suena mucho mejor. Así que estos panes pasan a llamarse panecillos de cerdito y así los miras con otros ojos.

Ponemos la harina, la sal, el azúcar, el huevo, la leche y la levadura en un bol amplio y mezclamos con la ayuda de una cuchara o una rasqueta de panadero. Sacamos la masa del bol y comenzamos a amasar. Después de 5 minutos agregamos la mantequilla y amasamos otros 10 minutos, hasta que obtengamos una masa suave, plegable y ligeramente brillante. Formamos una bola y la dejamos reposar en un bol levemente enharinado, tapada con un paño. Tras 1 hora, la masa deberá haber crecido y duplicado su volumen. Cortamos la masa en 16 porciones y formamos una bola con cada una de ellas, salvo con una que reservamos para las orejitas y la nariz de nuestros cerditos. Colocamos cada bola de masa en un molde de magdalenas rígido y lo dejamos reposar una media hora. Precalentamos el horno a 200º. Damos forma a las orejas y a la nariz. Para las orejas, estiramos un trozo de masa y cortamos triangulitos pequeños con un cuchillo. Para la nariz, cortamos círculos de masa (con un descorazonador de manzanas, por ejemplo), aplastamos ligeramente para darles forma de óvalo y con una brocheta de madera hacemos los agujeros de la nariz. A cada bola de masa le pegamos con cuidado la nariz y las orejas con un poco de agua. Es importante prestar atención en este paso y pegar cuidadosamente las orejas y la nariz para que no se despeguen al hornear.

Horneamos unos 12 minutos hasta que estén dorados y dejamos enfriar sobre una rejilla. Para los ojos ponemos una bolitas de pimienta o clavo. También podemos hacer los ojos con un par de gotas de chocolate si queremos los panes en versión dulce, ya que esta receta se puede preparar de las dos maneras.

Ingredientes para 16 panecillos:

- 500 g de harina de fuerza
- 25 g de levadura fresca de panadería
- 250 ml de leche
- 70 g de mantequilla blanda
- 40 de azúcar
- Un huevo
- Una pizca de sal
- 2 cucharadas de miel (opcional)

Opcional: bolitas blancas para los ojos o rotulador comestible negro

Rosca de pan con cilantro

¿A quién no le gusta que le hagan la rosca? Pues si es de pan como esta que os traigo, todavía más.

Mezclamos la harina y la levadura en un bol amplio, agregamos el azúcar y la sal e integramos bien. Añadimos el huevo y la leche y mezclamos bien con la ayuda de una cuchara o una rasqueta de panadero. Sacamos la masa del bol y amasamos. Después de 5 minutos notaremos cómo la masa se vuelve cada vez más elástica. Agregamos la mantequilla y amasamos otros 5-10 minutos, hasta que obtengamos una masa suave, plegable y ligeramente brillante. Formamos una bola y la dejamos reposar en un bol ligeramente enharinado, que tapamos con un paño.

Tras 1 hora o 1 hora y media, la masa deberá haber crecido y duplicado su volumen. Precalentamos el horno a 200º. Sacamos la masa del bol y la desgasificamos ligeramente, tocándola y aplastándola con los dedos. Cortamos la masa en 8 porciones y formamos una bola con cada una de ellas. Colocamos las bolas en un molde redondo (de 20-24 cm), separadas ligeramente las unas de las otras, 1 cm aproximadamente, y formando un círculo.

Dejamos reposar 30 minutos. Pegamos las hojas de cilantro a cada bola con un poco de agua. Espolvoreamos el pan con harina y horneamos unos 20 minutos. Dejamos enfriar y desmoldamos.

Ingredientes para 6-8 personas:

- 300 g de harina de fuerza
- Un sobre de levadura seca instantánea (son unos 5 g)
- Una cucharada sopera de azúcar
- Una cucharadita de sal
- 40 g de mantequilla, a temperatura ambiente
- Un huevo
- 175 ml de leche a temperatura ambiente
- Cilantro fresco, perejil o similar

Sopa de pescado

Más que una sopa de pescado es una sopa de pescador, porque la gracia está en ver quién "pesca" primero todos los pececillos de la sopa… ¿Quién dijo que con la comida no se juega?

En una cazuela amplia ponemos a derretir la mantequilla a fuego no muy alto. Agregamos la harina y removemos rápidamente hasta que no haya grumos. Añadimos poco a poco el caldo de pescado, moviendo constantemente para que no queden grumos (si el caldo está caliente, resultará más sencillo). Una vez añadido todo el caldo, dejamos hervir suavemente a fuego medio durante 20-30 minutos.

Servimos la sopa acompañada de galletitas saladas con forma de pez. A los más pequeños les encantará "pescarlas" con la cuchara.

El caldo de pescado puede ser comprado, pero si queréis prepararlo en casa, ponéis en una olla 1,5 l de agua, 300 g de espinas y/o una cabeza de pescado, 150 g de hortalizas (zanahoria, puerro, tomates maduros…), un par de hojas de laurel y una cucharadita de pimentón y lo dejáis hervir durante una hora. Después solo hay que colarlo y preparar la receta como se ha indicado anteriormente. El "roux" –mezcla de harina y grasa que se usa para espesar y ligar algunas salsas o guisos– es opcional; sirve para "engordar" un poco la sopa. Puede prepararse una versión sin lácteos sustituyendo la mantequilla por aceite de oliva.

Ingredientes para 4 personas:

- Una cucharada colmada de mantequilla
- 2 cucharadas rasas de harina
- Un litro de caldo de pescado
- Sal y pimienta, al gusto
- Galletitas saladas con forma de pez (opcional)

Crema de marisco

Una receta que parece ideada por el mismísimo McGyver. Para presentar estas Navidades una sopa o una crema así de bien solo necesitáis una capucha de boli (preferiblemente sin mordisquear), un vaso normal y vasitos de cuajada. Qué, ¿os animáis a hacerla?

En una cazuela grande ponemos a calentar la cucharada de aceite y la mantequilla a fuego medio-alto. Troceamos en daditos la cebolla, picamos finamente el ajo y rehogamos en la cazuela. Agregamos los langostinos sin pelar y con cabeza y salteamos ligeramente. Añadimos la cucharada de tomate concentrado y a continuación el brandy y lo dejamos evaporar unos 5 minutos. Incorporamos el agua y un poco de sal y dejamos hervir todo alrededor de 30 minutos. Retiramos del fuego, trituramos el contenido de la cazuela con una batidora y pasamos por el chino.

Agregamos la nata a la crema y mezclamos bien. Comprobamos el punto de sal. Pasamos la crema de marisco a los vasitos de cuajada procurando no llenarlos hasta arriba, para que la pasta brisa que vamos a colocar encima no entre en contacto con la crema, ya que si se moja no subiría. Precalentamos el horno a 200º.

Cortamos círculos pequeños de pasta brisa formando una especie de panal y luego cortamos dos círculos más grandes iguales: uno agujereado, que colocaremos sobre otro sin agujerear, presionando bien. Para cortar estos círculos podemos usar un aro de emplatar o un vaso, que colocamos sobre los vasitos y presionamos bien los bordes, para que no se despeguen al hornear. Con la pasta brisa sobrante cortamos galletas con los motivos que deseemos y con una pajita hacemos un agujerito en cada una de ellas para poder pasar después un cordel o un lazo a través y atarlas a los vasitos.

Horneamos las cremas y las galletas decorativas unos 10-15 minutos a 200º. Retiramos del horno, dejamos enfriar 5 minutos, decoramos con un lazo o cordel y una galletita y servimos.

Ingredientes para 6 personas:

Para la crema de marisco:
- Una cucharada de aceite de oliva
- 50 g de mantequilla
- Una cebolla
- Un diente de ajo
- 500 g de langostinos, gambones o gambas
- Una cucharada de tomate concentrado
- 100 ml de brandy
- Un litro de agua (puede usarse también caldo de pescado)
- 150 ml de nata
- Sal al gusto

Para la decoración:
- 2 láminas de pasta brisa (comprada)
- 6 vasitos de cuajada (o cualquier recipiente apto para horno)

Crema de calabaza y curry

Cuando tienes dos hijos de dos y cuatro años y has cantado "Había una vez un barquito chiquitito" una media de 300 veces al año, es lógico que esto acabe influyendo en las recetas que preparas… Esta es una crema con la que seguro no vais a naufragar con los más peques de la casa.

Ponemos a calentar el aceite en una cazuela amplia. Por otro lado lavamos y troceamos el puerro y lo rehogamos en el aceite unos minutos. Agregamos la calabaza y la sal y cubrimos con agua. Llevamos a ebullición y cuando hierva, bajamos el fuego y dejamos cocer hasta que la calabaza esté tierna, unos 30 minutos. Retiramos del fuego, quitamos parte del agua si nos parece excesiva y agregamos el queso cremoso y el curry. Trituramos hasta obtener una crema fina. Corregimos de sal si es necesario. Reservamos la crema de calabaza y curry en el frigorífico hasta que vayamos a consumirla (aunque también puede tomarse caliente).

Para preparar los barquitos de pasta filo, precalentamos el horno a 200º. Pincelamos con aceite una lámina de pasta filo y la cortamos en 6 rectángulos iguales. Hacemos un barquito con cada uno de los trozos de pasta filo, como si se tratase de una hoja de papel. Los colocamos sobre una bandeja de horno forrada con papel vegetal y horneamos los barquitos de pasta filo 5 minutos. Sacamos del horno y dejamos enfriar. Es importante que la lámina de pasta filo esté bien embadurnada de aceite para que no se rompa al manipularla; aun así, lo más probable es que algún barquito se rompa en el proceso o se deforme ligeramente en el horno. Si algún barquito tiende a caerse en el horno, podemos sujetarlo con palillos. Sacamos del horno y dejamos enfriar.

Servimos la crema fría acompañada de los barquitos de pasta filo, que colocaremos únicamente en el momento de servir, para evitar que se ablanden. También puede servirse la crema con una cucharadita de nata fresca (crème fraîche) y pipas.

Ingredientes para 6 personas:

Para la crema:
- Un puerro (opcional)
- 25 ml de aceite de oliva virgen extra
- Un kg de calabaza, sin piel, sin semillas y cortada en cuadraditos
- Sal
- 150 g de queso cremoso
- 2 cucharaditas de curry

Para los barquitos:
- Una lámina de pasta filo
- 25 ml de aceite de oliva

Crema de brócoli y cheddar

Es cierto que las recetas con verduras tienen fama de aburridas…, aunque sean deliciosas como esta crema de brócoli. Y simplemente cambiando la presentación habitual por un cuenco de masa de pan ya parece otra cosa, ¿verdad?

Comenzamos preparando los cuencos de pan. Precalentamos el horno a 200º y extendemos sobre una superficie las láminas de pizza. Preparamos unos cuencos (deberán ser aptos para horno) engrasándolos con un poco de aceite por la parte exterior. Cortamos un círculo de masa de diámetro ligeramente superior al cuenco y lo colocamos sobre el mismo, apretando levemente. Cortamos los bordes de masa que sobresalgan y depositamos los cuencos boca abajo sobre una bandeja de horno forrada con papel vegetal. Con un poco de agua pegamos una trenza de masa alrededor del cuenco, a modo de reborde decorativo. Repetimos el proceso tantas veces como cuencos queramos preparar. Introducimos los cuencos en el horno y cocinamos unos 15-20 minutos, hasta que tengan un bonito tono dorado. Retiramos del horno y dejamos enfriar alrededor de 10 minutos antes de desmoldar. Pasamos un cuchillo con cuidado por los bordes del cuenco para despegar la masa y desmoldamos. Dejamos enfriar totalmente. Se pueden congelar si no se van a usar el mismo día.

Continuamos preparando la crema de brócoli. En un cazo amplio y profundo ponemos a fundir la mantequilla con la cucharada de aceite a fuego medio. Añadimos la harina y removemos para tostarla ligeramente, durante un par de minutos. Agregamos el caldo de pollo poco a poco, sin parar de remover. Llevamos a ebullición subiendo el fuego sin dejar de remover, hasta que espese un poco. Añadimos el brócoli fresco y cocemos a fuego medio durante unos 10 minutos (o un poco más si nos gusta más hecho). Agregamos por último el queso, un poco de sal y pimienta y removemos hasta que se funda el queso. Servimos la crema en las cestas que hemos preparado previamente.

Ingredientes para 6 personas:

Para la crema:
- 2 cucharadas de mantequilla (unos 40 g)
- Una cucharada de aceite de oliva virgen extra
- 2 cucharadas de harina
- Un litro de caldo de pollo
- 250 g de brócoli, en trozos
- 150 g de queso cheddar, rallado
- Sal y pimienta, al gusto

Para servir:
- 1 lámina de pizza casera por cuenco de masa (ver "Pan de albóndigas") o comprada

Crema de zanahoria

¿No fuiste capaz de terminarte el cuento de *Blancanieves* porque tenía una trama demasiado complicada? ¡Tranquilo! Las personas como tú también pueden preparar esta receta.

En una olla mediana ponemos el aceite a fuego medio y rehogamos los puerros troceados. Agregamos la zanahoria cortada en trozos y el caldo y cocemos unos 20 o 30 minutos, hasta que la zanahoria esté cocida. Retiramos el recipiente del fuego. Añadimos el queso cremoso y trituramos todos los ingredientes hasta obtener una crema muy fina. Salpimentamos y calentamos la crema de zanahoria 5 minutos más antes de servir.

Para decorar cortamos flores de zanahoria con un cortapastas y los pegamos sobre las obleas de empanadilla presionando ligeramente. Adherimos unas hojas de perejil o cilantro de la misma manera. Humedecemos ligeramente las obleas, las cortamos en tres tiras, las colocamos en una bandeja de horno forrada con papel vegetal y las cocinamos a 200º unos 10-12 minutos. Servimos la crema de zanahorias con las obleas de empanadilla encima.

Ingredientes para 4 personas:

- 25 ml de aceite de oliva virgen extra
- 2 puerros, troceados
- 300 g de zanahorias lavadas
- 500 ml de caldo de pollo o verduras
- 100 g de queso cremoso
- Sal y pimienta, al gusto

Para decorar:
- Obleas de empanadilla
- Zanahoria
- Perejil

Ensalada de pera, queso azul y nueces

¿Quién dijo que las ensaladas tienen que ser aburridas? Sorprende a tus amigos preparando una cena rápida y deliciosa con una presentación espectacular... en menos de media hora. Lo malo es que van a volver...

Comenzamos pelando y quitando el corazón a las peras, pero manteniendo el rabito. Para descorazonarlas podemos usar un vaciador de melón. Cortamos la base de las peras para que queden rectas y se sostengan bien de pie.

Precalentamos el horno a 200°. Extendemos la lámina de hojaldre y la cortamos en tiras de 2 cm de ancho. Comenzando por la parte superior de cada pera, enrollamos una tira de hojaldre, girándola sobre la pera y superponiendo ligeramente el borde sobre la tira anterior. Cuando se termine la tira de hojaldre tomamos otra, la pegamos a continuación y continuamos enrollando. Presionamos ligeramente las uniones con los dedos (podemos usar un poco de agua para asegurarnos de que queda bien pegado).

Colocamos las peras sobre una bandeja de horno forrada con papel vegetal y las horneamos unos 15 minutos. Si el rabito de las peras se quema demasiado podemos taparlo con papel de aluminio. Sacamos las peras del horno y las reservamos mientras montamos la ensalada.

Distribuimos en los platos de servir los brotes de ensalada, las nueces y el queso azul troceado. En un bol aparte preparamos la vinagreta simplemente mezclando los ingredientes. Colocamos las peras sobre la ensalada y la servimos acompañada de la vinagreta de miel y vinagre balsámico.

Ingredientes para 2 personas:

Para la ensalada:
- 2 peras conferencia, maduras, no muy grandes
- Una lámina de hojaldre, comprada o casera
- 150 g de brotes de ensalada
- Un puñado de nueces
- 50 g de queso azul

Para la vinagreta:
- 4 cucharadas de aceite de oliva virgen extra
- Una cucharada de vinagre balsámico
- Una cucharada de miel
- Una pizca de sal

Camembert con nueces y caramelo

Esta receta, presentándola en un bote de conserva y acompañada de un lazo y una tarjeta con instrucciones para prepararla, fue el regalo navideño de hace un par de años. Y es muy sencilla de preparar.

Retiramos el camembert del frigorífico un par de horas antes de consumir. Lo sacamos de su envase y lo colocamos en un plato de servir. Coronamos el queso con un puñado de nueces peladas.

Preparamos el caramelo. Para ello, en un cazo antiadherente ponemos el azúcar a fuego medio. Esperamos 2 o 3 minutos a que se convierta en caramelo.

Vertemos el caramelo sobre las nueces y el queso, procurando que quede bien repartido y no se forme una capa demasiado gruesa. Cortamos en porciones antes de que se solidifique el caramelo y servimos.

Si queremos una salsa de caramelo líquida podemos prepararla con 70 g de azúcar, 70 ml de nata y una cucharadita de mantequilla. Ponemos el azúcar en un cazo a fuego medio y esperamos sin mover a que se convierta en caramelo. Retiramos el cazo del fuego, agregamos inmediatamente la mantequilla, la sal y la nata y removemos constantemente hasta obtener una salsa homogénea. Dejamos enfriar unos minutos y vertemos sobre las nueces y el queso.

Ingredientes para 6 personas:

- Un queso camembert
- Un puñado de nueces, peladas
- 100 g de azúcar

Ensalada de jamón en cesta

¿Has soñado siempre con preparar una receta y que tus invitados se coman hasta el plato? Pues esta es la tuya…

Preparamos las cestas de pan. Precalentamos el horno a 200° y extendemos sobre una superficie una de las láminas de masa quebrada. Cortamos la masa en tiras de unos 2 cm. Elaboramos el enrejado: levantamos tiras alternas, colocamos una tira perpendicular, bajamos las tiras que habíamos subido y subimos las que se quedaron abajo.

Preparamos los cuencos (deberán ser aptos para horno) engrasándolos por fuera con un poco de aceite y los colocamos boca abajo en una bandeja de horno forrada con papel vegetal. Cortamos un círculo de masa enrejada de diámetro levemente superior al cuenco y lo colocamos sobre el mismo apretando ligeramente. Cortamos los bordes de masa que sobresalgan por debajo del cuenco y los volvemos a depositar en la bandeja de horno con papel vegetal. Con un poco de agua pegamos una tira alrededor del cuenco, a modo de reborde. Repetimos el proceso con la otra lámina de masa quebrada. Introducimos en el horno y cocinamos unos 15 minutos, hasta que tengan un bonito tono dorado. Retiramos del horno y dejamos enfriar alrededor de 10 minutos antes de desmoldar. Pasamos un cuchillo con cuidado por los bordes y desmoldamos. Dejamos enfriar. Una vez fríos pueden congelarse hasta que vayamos a usarlos, dejándolos descongelar a temperatura ambiente durante una hora.

Cuando vayamos a servir la ensalada distribuimos la rúcula en los cuencos. Esparcimos unos piñones por encima, enrollamos las lonchas de jamón ibérico y las colocamos sobre las ensaladas. Finalizamos con dos cucharadas de aceite de oliva virgen extra sobre cada ensalada.

Ingredientes para 2 personas:

Para las cestas comestibles:
- 2 láminas de masa quebrada (o masa de pizza, hojaldre)
- 2 cucharadas de aceite de oliva virgen extra
- 2 cuencos aptos para horno

Para la ensalada:
- 100-150 g de rúcula, limpia y seca
- Un puñado de piñones
- 50 g de jamón ibérico, loncheado muy fino
- 4 cucharadas de aceite de oliva virgen extra

................Paso a paso.

Paté al Pedro Ximénez

Imagino lo que crees: preparar esta receta de paté en casa debe de ser complicadísimo. Pues para nada. Aunque tengas el cerebro *micuit,* es sencillísimo preparar en casa este bloque de paté por el que te cobran un ojo de la cara en la tienda.

Comenzamos preparando el paté. En una sartén honda ponemos una cucharada de mantequilla y salteamos los higaditos con la pechuga troceada, la pimienta y el laurel. Cuando empiece a dorarse añadimos 100 ml de Pedro Ximénez y dejamos cocinar y evaporar el alcohol, removiendo de vez en cuando. Salamos. Retiramos del fuego, dejamos reposar unos 10 minutos y desechamos el laurel. Ponemos todo en el vaso de la batidora, agregamos 250 g de mantequilla y batimos muy bien. Es importante para la textura del paté que quede una crema muy fina, sin grumos. Comprobamos el punto de pimienta y sal y corregimos si es necesario. Podemos añadir un poco más de Pedro Ximénez si nos parece que está muy denso. Repartimos la mezcla en cuatro cuencos o ramequins sin llegar hasta el borde y conservamos en el frigorífico.

Seguimos preparando la gelatina, que servirá al mismo tiempo de elemento decorativo y protector para que el paté no se oxide. Ponemos el agua y el vino (o caldo) a cocer. Cuando hierva, añadimos la gelatina en polvo y removemos bien hasta que se disuelva totalmente. Vertemos una pequeña cantidad de gelatina en los 4 moldes de paté y si lo deseamos, decoramos con flores comestibles (también pueden usarse granos de pimienta o tiras de piel de naranja). Dejamos enfriar en el frigorífico.

Para servir sacamos unos minutos antes de la nevera y acompañamos de pan de pasas recién tostado.

Ingredientes para 4 ramequines (8 personas):

Para la gelatina:
- 200 ml de vino o caldo de verduras
- 50 ml de agua
- 10 g de gelatina neutra en polvo
- Flores comestibles para decorar (opcional)

Para el paté:
- 250 g de higaditos de pollo, limpios
- 150 g de pechuga de pollo, troceada
- 6 granos de pimienta
- 2 hojas de laurel
- 100 ml de Pedro Ximénez
- 250 g de mantequilla
- Sal

Galletas de queso con tomate

Cuidado cuando preparéis estas galletas, se han dado casos de invitados que se negaban a abandonar la casa después de probarlas.

Comenzamos preparando la salsa de tomate casera. Ponemos el aceite a calentar en una cazuela amplia y añadimos la cebolla troceada y el ajo. Sofreímos a fuego medio, removiendo de vez en cuando hasta que la cebolla esté pochadita. Añadimos entonces los tomates pelados y la hoja de laurel (pueden usarse otras especias: albahaca, orégano...). Dejamos sofreír el tomate a fuego medio durante una media hora, removiendo de vez en cuando (mejor dejarlo tapado con una tapa con orificios, para que no salpique pero el vapor pueda escapar). Retiramos la hoja de laurel, añadimos el azúcar y la sal y cocinamos unos 10 minutos más. Comprobamos nuevamente el punto de sal y dejamos enfriar. Podemos pasarlo por un chino o pasapurés, aunque no es esencial (puede batirse en la batidora, pero en ese caso quedará anaranjado en lugar de rojo).

A continuación prepararemos las galletas de queso. En un bol ponemos todos los ingredientes. Con la punta de los dedos los vamos mezclando, hasta obtener una masa homogénea (puede usarse también un robot de cocina). Si vemos que la masa es difícil de trabajar, podemos refrigerarla una media hora para que coja cuerpo. Estiramos la masa con un rodillo sobre una superficie enharinada y cortamos con un cortador de galletas, en este caso con forma de cuchara. Vamos disponiendo las galletas cortadas sobre una bandeja de horno forrada con papel vegetal (si disponemos de moldes de silicona aptos para horno, también pueden rellenarse con la masa). Dejamos en el congelador 15 minutos, mientras precalentamos el horno a 180°. Introducimos la bandeja con las galletas en el horno y cocinamos unos 10-15 minutos. Retiramos del horno, dejamos enfriar alrededor de 10 minutos y, con una paleta, las vamos depositando con cuidado sobre una rejilla para que terminen de enfriarse. Cuando estén frías pueden conservarse hasta una semana en un recipiente hermético a temperatura ambiente.

Ingredientes para 24 galletas:

Para las galletas:
- 300 g de harina
- 100 g de queso cheddar (o parmesano) rallado
- 100 g de mantequilla fría, cortada en cuadraditos
- Un huevo, ligeramente batido
- Una pizca de sal

Para la salsa de tomate:
- 100 ml de aceite de oliva virgen extra
- Una cebolla, troceada
- Un diente de ajo, picado
- 1 kg de tomates maduros, pelados y troceados en cuartos
- Una hoja de laurel (opcional)
- Una cucharada de azúcar
- Sal al gusto

Croquetas de setas

La revolución croquetera: croquetas con forma de su ingrediente principal, para que no haya dudas antes de ver el relleno. Me pregunto si los gnomos que vivan en estas setas estarán "empanados"…

Ponemos a calentar 4 cucharadas de AOVE en una sartén honda. Pelamos y picamos la chalota en cuadraditos pequeños. Sofreímos a fuego medio unos 10 minutos, hasta que quede transparente y blandita. Lavamos y picamos las setas y las agregamos a la sartén con la chalota. Añadimos una pizca de sal y salteamos unos 5 minutos. Retiramos del fuego y reservamos, colando y reservando el líquido que hayan soltado.

En la misma sartén, sin limpiar, ponemos la mantequilla a fundir a fuego medio, agregamos la harina y doramos un par de minutos, removiendo. Añadimos el líquido de las setas sin dejar de remover y a continuación la leche poco a poco. Seguimos incorporando la leche en hilo y removiendo sin parar, hasta obtener una besamel espesa y sin grumos. Añadimos la sal, la pimienta y la nuez moscada. Incorporamos las setas salteadas y mezclamos. Comprobamos el punto de sal y rectificamos si es necesario. Humedecemos una bandeja amplia y vertemos la besamel de setas en ella (de esta manera no se pega la masa). Dejamos enfriar la masa de croquetas al menos tres horas, mejor en el frigorífico si es de un día para otro.

Cuando vayamos a freír las croquetas, batimos dos huevos en un plato hondo y en otro ponemos el pan rallado. Humedecemos un cortapastas con forma de seta y cortamos la masa, depositando las croquetas en el pan rallado. Las rebozamos con cuidado y a continuación las pasamos por los huevos batidos y de nuevo por pan rallado. Freímos las croquetas en abundante AOVE bien caliente y las vamos dejando sobre papel de cocina para eliminar el exceso de aceite. Servimos inmediatamente acompañadas de salsa alioli (opcional).

Ingredientes para 8 personas:

- 4 cucharadas de aceite de oliva virgen extra
- Una chalota (o media cebolla)
- 200 g de setas variadas
- 100 g de mantequilla
- 150 g de harina
- 800-900 ml de leche
- Sal
- Pimienta
- Nuez moscada
- 2 huevos
- Una taza de pan rallado
- Aceite de oliva virgen extra, para freír

Equipamiento (opcional): cortador de galletas con forma de seta

Empanadillas de manzana y brie

Una mezcla dulce y salada que no va a dejar indiferente a nadie. Si no disponemos de descorazonador de manzanas podemos usar un cuchillo afilado. O sentarla delante del sofá a ver el telediario, que produce el mismo efecto.

Precalentamos el horno a 200º. Pelamos la manzana, la descorazonamos y la cortamos en láminas muy finas. Reservamos.

Extendemos las láminas de masa para empanada y con el cortador hacemos cuatro formas de manzana en cada lámina (nos saldrán 8 en total). En una de las masas con forma de manzana colocamos un par de trozos de brie y unas rodajas de manzana. Pincelamos los bordes de la masa con agua o huevo batido y pegamos encima la otra mitad de la masa, sellando los bordes con los dedos o presionando con un tenedor. Lo colocamos en una bandeja de horno forrada de papel vegetal y procedemos igual con el resto de la masa. Pincelamos con huevo batido las empanadillas (este paso es opcional, sirve únicamente para darles brillo y color). Usaríamos el mismo procedimiento si empleáramos un molde cortador redondo de rejilla, y siempre podemos recurrir a un cuchillo afilado en caso de carecer tanto de uno como de otro molde.

Horneamos unos 15 minutos, hasta que las empanadillas estén doraditas y el queso se haya fundido. Sacamos del horno, dejamos enfriar unos minutos y servimos.

Ingredientes para 4 personas:

- 2 láminas de masa para empanada o masa de empanadillas
- Una manzana
- 200 g de queso brie
- Un huevo batido para pincelar (opcional)

Equipamiento (opcional): cortador grande con forma de manzana o cortador de rejilla

Queso con higos y nueces

Si eres novato en esto de la cocina, debes saber que el sabor de esta receta mejora notablemente si retiras la capa de cera que cubre los Mini Babybel antes de rebozarlos.

Colocamos en un bol los huevos y los batimos. En un cuenco aparte ponemos el pan rallado. Pasamos cada queso Mini Babybel por huevo batido y los rebozamos a continuación en pan rallado, procurando que queden bien cubiertos. Dejamos reposar 5 minutos para que se endurezca la costra de huevo y pan rallado. Repetimos el proceso hasta acabar con todos los quesitos.

En una sartén honda ponemos un par de dedos de aceite de oliva virgen extra y calentamos a fuego medio-alto. Cuando esté caliente vamos friendo los quesitos con cuidado; 30 segundos por cada lado será suficiente. Retiramos del fuego con una espumadera y los colocamos sobre papel de cocina para eliminar el exceso de grasa.

Servimos inmediatamente, acompañados de nueces e higos.

Ingredientes para 12 personas:

- 2 paquetes de Mini Babybel
- 2 huevos
- Una taza de pan rallado
- Aceite de oliva virgen extra para freír

Tortilla en pan

No hay nada mejor que una tortilla de patatas. Salvo un bocadillo de tortilla de patatas. Aquí tenéis la versión elegante para llevar a un picnic.

Preparamos una cazuela apta para horno engrasándola y enharinándola (puede hacerse también en un molde de bizcocho redondo).

Ponemos la harina en un bol y encima deshacemos la levadura fresca frotándola con los dedos. Añadimos el agua, el aceite y la sal y mezclamos con una cuchara de madera hasta integrar los ingredientes. Pasamos la masa a la encimera y la amasamos ligeramente. No es necesario amasar mucho. Estiramos la masa formando un círculo un poco más grande que nuestra tortilla y colocamos la tortilla encima. Cerramos los bordes de la masa sobre la tortilla de forma que quede envuelta por completo y la depositamos en la cazuela con el cierre hacia abajo. Podemos espolvorear la superficie del pan con un poco de harina para darle un toque más rústico. Si usamos un molde de bizcocho, lo taparemos con un poco de papel de aluminio.

Introducimos la cazuela en el horno frío y lo encendemos programándolo a 200º. Horneamos el pan unos 30 minutos. Si queremos una corteza más dorada, podemos hornearlo destapado los últimos momentos. Retiramos del horno, dejamos enfriar unos minutos y servimos.

* Consejo: es mejor que la tortilla esté poco cuajada, así terminará de cocinarse en el horno.

Ingredientes para 6 personas:

- 350 g de harina de fuerza
- 15 de levadura fresca de panadería
- 150 ml de agua
- 50 ml de aceite de oliva virgen extra
- 10 g de sal
- Una tortilla de patatas

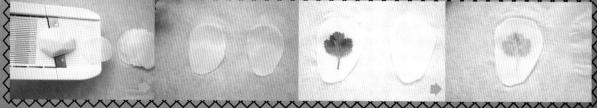

Patatas árbol

Desde que vi esta idea en un programa de Arguiñano no he parado de prepararla en diferentes versiones, porque me encanta que la gente le dé vueltas a la patata preguntándose cómo ha acabado encerrado dentro el pobre perejil y qué delito habrá cometido… Como aperitivo o guarnición, os aseguro que vais a sorprender.

En una sartén honda ponemos a calentar el aceite a fuego vivo.

Pelamos las patatas y las cortamos en rodajas muy finas, preferiblemente usando una mandolina. Deben quedar casi transparentes. No lavaremos las patatas después de laminadas, porque se eliminaría el almidón, que va a ayudar a que se peguen.

Colocamos una hoja de perejil sobre una rodaja de patata y ponemos otra lámina de patata sobre ella. Continuamos hasta terminar con todas las rodajas de patata.

Freímos las patatas en abundante aceite caliente hasta que se doren, dándoles la vuelta con cuidado. Como son muy finas, en un par de minutos estarán listas. Salamos y servimos inmediatamente como aperitivo o acompañamiento.

Se puede sustituir el perejil por cilantro, pimiento rojo u hojas de espinaca cortadas con un cortapastas pequeño.

Ingredientes para 2 personas:

- Una patata grande para freír
- Unas 10 hojas de perejil
- 250 ml de aceite de oliva virgen extra
- Una pizca de sal

Piruletas de calabacín y berenjena

Calabacín, mayonesa, pan rallado, parmesano, algunas especias… ¡y al horno! Más simple que aprender el lenguaje del Correcaminos.

Precalentamos el horno a 200º. Lavamos y cortamos el calabacín en rodajas gruesas.

En un bol mezclamos la mayonesa con una cucharada de parmesano en polvo. En otro cuenco unimos el ajo, el pan rallado, la sal y el resto del parmesano rallado.

Untamos cada rodaja de calabacín en mayonesa, una capa finita por ambos lados, y pasamos por el pan rallado. Vamos colocando las rodajas sobre una bandeja de horno forrada con papel vegetal. Colocamos con cuidado los palitos a modo de piruleta (también puede hacerse después de hornear, pero así quedan mejor sujetos).

Horneamos 10 minutos. Sacamos la bandeja, giramos las piruletas y volvemos a hornear otros 10 minutos. Servimos inmediatamente (aunque también pueden comerse frías). Puede sustituirse el calabacín por berenjena.

Ingredientes para 12 piruletas:

- 1 calabacín grande
- 2 cucharadas de mayonesa
- 2 cucharadas de pan rallado
- 3 cucharadas de parmesano rallado
- Una cucharadita de ajo en polvo
- Una pizca de sal
- Palitos para galletas o brochetas de madera humedecidas con agua

Helados de pescado

Ya os habréis dado cuenta a estas alturas de que me gusta jugar con la comida, no porque no considere que alimentarse bien no es un tema serio, sino porque creo que un poco de diversión de vez en cuando no viene mal. Si vuestros niños (de 0 a 99 años) se niegan a probar el pescado, con esta receta no van a poder resistirse.

En una picadora trituramos todos los ingredientes y hacemos una pasta. Si vamos a usar moldes de helado, rellenamos los moldes con la pasta de pescado, alisamos la superficie con el dedo mojado en agua, colocamos el palito y llevamos al congelador hasta que la pasta esté congelada (unas 2 horas), para que mantenga mejor la forma al desmoldar.

Preparamos un bol con los huevos batidos y otro con el pan rallado. Desmoldamos con cuidado y pasamos los nuggets de pescado por huevo batido y pan rallado. Freímos de dos en dos en abundante aceite caliente, a fuego no muy fuerte para que los nuggets se hagan por dentro y estén dorados por fuera (unos 4 o 5 minutos). Colocamos sobre papel de cocina para retirar parte del aceite que han absorbido durante la fritura y servimos acompañados de kétchup.

Si vamos a dar forma manualmente a los nuggets, con las manos mojadas de agua vamos tomando porciones de masa y dándoles la forma deseada. Empanamos y freímos como hemos comentado más arriba, aunque al no estar congelados se cocinarán más rápidamente.

Ingredientes para 8 "helados":

- Un diente de ajo (opcional)
- 400 g de pescado blanco sin piel ni espinas
- 50 g de queso cremoso
- 50 ml de leche
- 75 g de miga de pan
- Una pizca de sal y pimienta

Para empanar:
- 2 huevos batidos
- 200 g de pan rallado

Equipamiento (opcional):
- 8 palitos de helado, piruletas o brochetas
- 8 moldes de helado

Pan de albóndigas

Se acabaron las albóndigas que se escapan traicioneras por la otra punta del bocadillo. Es el fin de las mandíbulas dislocadas tras intentar hincarle el diente a un bocadillo gigante de albóndigas. La solución está aquí: ¡el pan de albóndigas!

Frotamos la levadura con la harina hasta reducirla a miguitas, agregamos la sal, el aceite y la cerveza y comenzamos a amasar en un bol amplio, ayudándonos de una rasqueta de panadero (o con las manos). Cuando esté más o menos amalgamado, pasamos a la superficie de trabajo sin enharinar. Amasamos durante unos 10 minutos hasta obtener una masa lisa y homogénea. Hacemos una bola doblando la masa repetidas veces hacia el interior. Dejamos reposar unos 10 minutos, para que la masa se relaje y luego podamos estirarla con mayor facilidad.

Cortamos 18 o 24 porciones de masa y con un rodillo las estiramos con forma redondeada. En cada porción de masa colocamos una albóndiga y cerramos llevando los extremos de la masa hacia el interior, formando una bolita. Vamos depositándolas sobre un molde engrasado, separadas ligeramente. Continuamos hasta rellenar el molde (el de la foto de 26 cm).

Dejamos levar el pan de albóndigas mientras precalentamos el horno a 200° (unos 15-30 minutos). Introducimos en el horno y cocinamos alrededor de 30 o 40 minutos. Servimos el pan de albóndigas acompañado de salsa de tomate con ajo y orégano. Si tenemos mucha prisa, esta receta puede prepararse con masa de pizza fresca comprada.

Ingredientes para 6-8 personas:

- 400 g de harina de fuerza
- 10 g de levadura fresca de panadería
- 250 ml cerveza
- 50 ml de aceite de oliva virgen extra
- 10 g de sal
- 18-24 albóndigas crudas

Crepes de espinacas

Cuando mi hijo de 2 años juega a preparar crepes, les da la vuelta en una sartén de juguete y las deja caer al suelo. Obviamente es porque ha visto hacer esto mismo a mamá más de una vez…, pero es que el que no arriesga no gana, y las crepes hay que voltearlas en el aire. ¡A practicar!

Para preparar las crepes batimos todos los ingredientes y dejamos reposar la masa al menos una hora, aunque es mejor una noche entera.

En una sartén amplia y profunda ponemos a calentar un poco de aceite. Añadimos el ajo, lo doramos unos minutos e incorporamos las espinacas troceadas. Salteamos unos minutos para que se cocinen un poco. Retiramos de la sartén, escurrimos y reservamos. En la misma sartén ponemos una cucharada de aceite de oliva virgen extra y fundimos la mantequilla. Agregamos la harina y doramos un par de minutos, removiendo. Añadimos la leche en hilo sin parar de remover, hasta obtener una besamel espesa y sin grumos. Incorporamos el parmesano y removemos hasta que se funda. Por último, agregamos la sal, la pimienta y la nuez moscada.

Preparamos las crepes. Ponemos a calentar una sartén (mejor si es especial para crepes) a fuego medio-alto. Pasamos por la sartén un trozo de papel de cocina con una pizca de mantequilla, para cubrir la superficie con una fina capa de grasa y que no se peguen las crepes. Vertemos la masa de crepes, moviendo al mismo tiempo la sartén con la otra mano para distribuir la masa y que quede una crepe fina. Dejamos que se haga unos minutos por ese lado mientras decoramos si lo deseamos con zanahoria y cilantro antes de que se cocine del todo la masa, y con un golpe de muñeca giramos la crepe en el aire para darle la vuelta y que se cocine por el otro lado. Vamos reservando las crepes en un plato tapado con un trapo, para que mantengan el calor y no se sequen.

Servimos las espinacas con la besamel por encima dentro de las crepes, calentando unos segundos en el microondas si es necesario.

Ingredientes para 8 personas:

Para las crepes:
- 2 huevos
- 250 g de harina
- 500 ml de leche
- Una pizca de sal
- Una cucharada de aceite de oliva virgen extra

Para las espinacas a la crema:
- Un diente de ajo, troceado
- 500 g de espinacas frescas
- 30 g de mantequilla
- Una cucharada de harina (colmada)
- 500 ml de leche (aproximadamente)
- 50 g de parmesano rallado
- Sal, pimienta y nuez moscada
- Aceite de oliva virgen extra

Para decorar (opcional): rodajas de zanahoria y hojas de cilantro frescas

Hojaldres de patata y albahaca

A veces me entran ganas de pasarme horas y horas cocinando. Cuando esto ocurre, respiro hondo, me siento, espero a que se me pase y luego preparo algo rápido y fácil, como estos hojaldres de patata y albahaca.

Precalentamos el horno a 200º y nos aseguramos de que el hojaldre esté bien frío (es la manera de que suba bien en el horno).

Pelamos la patata y la cortamos en rodajas muy finas, casi transparentes. Lo ideal, si disponemos de ella, es usar una mandolina. No lavaremos las patatas después de laminadas, porque se eliminaría el almidón, que va a ayudar a que se peguen.

Colocamos una hoja (o varias) de albahaca fresca sobre una rodaja de patata y ponemos otra lámina de patata sobre ella. Reservamos y repetimos el proceso hasta terminar con todas las rodajas de patata.

Sacamos la lámina de hojaldre del frigorífico y la extendemos. Espolvoreamos queso parmesarno rallado por encima y la cortamos en tiras de unos 4 cm (dependerá en cualquier caso del tamaño de nuestras láminas de patata). En cada tira de hojaldre disponemos unas láminas de patata. Las colocamos sobre una bandeja de horno forrada con papel vegetal y echamos una pizca de sal y un chorrito de aceite de oliva virgen extra sobre cada lámina de patata.

Horneamos unos 20 minutos, hasta que las patatas estén crujientes en los bordes y cocinadas. Servimos inmediatamente.

Ingredientes para 4-6 personas:

- Una lámina de hojaldre
- Una patata
- Hojas de albahaca fresca
- Media taza de parmesano rallado
- Una pizca de sal
- Aceite de oliva virgen extra

Peras de patata

Siempre se ha dicho que no se le pueden pedir peras al olmo…, pero ¿por qué no a la patata? Aquí tenéis una idea para convertir un aburrido puré de patatas en una "pera" crujiente y apetitosa que no dejará a nadie indiferente. Prueba a rellenarla con queso, sobrasada o foie. O aromatiza el puré de patata con un sofrito de ajo y/o cebolla… ¡Ñam!

Ponemos las patatas en un cazo, las cubrimos con agua y las cocemos durante unos 25 minutos, hasta que estén tiernas. Las escurrimos, las pasamos por un chino, salpimentamos y reservamos hasta que se enfríe el puré.

Precalentamos el horno a 200º y preparamos un bol con el pan rallado. Cogemos 4 bolas de puré, las pasamos por pan rallado y, con las manos, les damos forma de pera. Las vamos colocando en una bandeja de horno forrada con papel vegetal. Si lo deseamos, podemos rellenarlas con queso, atún o sobrasada, por ejemplo, haciendo una bolita y colocándola dentro de la "pera" antes de pasarla por el pan rallado.

Horneamos durante 15 o 20 minutos, hasta que estén doraditas.

Para servir decoramos con hojas de albahaca (o perejil) y servimos inmediatamente, como acompañamiento o plato principal si van rellenas. También podemos mezclar el pan rallado con queso parmesano rallado y ajo para darles un toque diferente a nuestras peras de patata.

Ingredientes para 4 personas:

- 4 patatas peladas y cortadas en trozos grandes
- Una taza de pan rallado
- Una pizca de sal y pimienta
- 4 rabitos de pera o manzana (o palitos salados de aperitivo)
- 4 hojitas de albahaca o perejil

Tartaletas de queso y tomate

Una receta sencillísima y muy rápida de preparar que te va a sacar de más de un apuro. Y la podrás preparar incluso tú, que piensas que los tomates solo sabes hacerlos en los calcetines.

Precalentamos el horno a 200º. Rallamos el queso o lo cortamos en lonchas muy finas. Lavamos los tomates y los cortamos por la mitad.

Extendemos la lámina de hojaldre y la cortamos en 4 rectángulos iguales. Pinchamos con un tenedor la lámina de hojaldre para que no suba al hornear, dejando un espacio libre de 0,5 cm hasta el borde.

Repartimos el queso rallado en los 4 rectángulos de hojaldre. Espolvoreamos con ajo y orégano al gusto. Colocamos encima los tomatitos cortados por la mitad y salamos. Horneamos 15 minutos, dejamos reposar 10 minutos más y servimos (aunque también pueden degustarse frías).

Ingredientes para 4 personas:

- Una lámina de hojaldre fresco
- 24 tomatitos
- 100 g de queso cheddar curado
- Una cucharada de ajo en polvo
- Una pizca de sal
- Una cucharada de orégano

Quiches de zanahoria y puerro

Cuando trabajaba en Madrid me tocaba comer de fiambrera a menudo. Así que pasé años alimentándome gracias a latas de conserva, porque mis conocimientos culinarios no daban para más. Ahora sé que hay recetas, como la quiche, que aguantan perfectamente de un día para otro, que se pueden tomar calientes o frías y que hay vida más allá de las lentejas de bote.

Comenzamos preparando la masa quebrada. En un bol amplio ponemos la mantequilla, la harina y la sal. Con las puntas de los dedos, o entre las palmas, vamos frotando la mantequilla y la harina para unirlas, formando unas migas del tamaño de un guisante. Debemos trabajar deprisa, pues no queremos que se desarrolle el gluten en la harina ni que se funda la mantequilla. Añadimos el agua muy fría y formamos una bola. Envolvemos en papel film e introducimos en el frigorífico unos 30 minutos. Sacamos de la nevera y estiramos entre dos láminas de papel vegetal con ayuda de un rodillo, dejando un grosor de 0,5 cm aproximadamente. Cubrimos la base de nuestros moldes con la masa, presionando bien, y recortamos el exceso de masa que sobresalga de los moldes pasando el rodillo por encima. Llevamos al congelador las bases mientras precalentamos el horno a 170º (unos 15 minutos). Horneamos las bases en blanco alrededor de 10 minutos y mientras preparamos el relleno.

Con un robot de cocina picamos muy finamente la zanahoria y el puerro y lo reservamos. Hacemos una besamel con el aceite, la mantequilla, la harina y la leche. Cuando esté lista, agregamos el queso curado y removemos hasta que se funda. Añadimos la nata, los huevos batidos, la sal y la pimienta y vertemos sobre las bases de masa quebrada. Llevamos de nuevo al horno y cocemos durante unos 15-20 minutos más. Retiramos y dejamos enfriar ligeramente antes de servir. También pueden tomarse frías.

Asimismo podemos decorar las miniquiches con media zanahoria baby colocada sobre el relleno antes de introducirlas en el horno.

Ingredientes para 12 personas:

Para la masa quebrada:
- 400 g de harina
- 200 g de mantequilla muy fría, cortada en cuadraditos
- Una pizca de sal
- 100 ml de agua muy fría

Para el relleno:
- 1 zanahoria
- 1 puerro
- 1 cucharada de aceite de oliva virgen extra
- 50 g de mantequilla
- 70 g de harina
- 400 ml de leche
- 100 g de queso curado
- 50 ml de nata
- 3 huevos batidos
- Sal y pimienta

Para decorar (opcional): zanahorias baby frescas

Pasta casera

Hoy vamos a hacer pasta. No, no os emocionéis, porque no es de la que sirve para comprar un yate (total, luego a ver dónde lo aparcas). Con la pasta de esta receta, eso sí, podréis comer como reyes por poco dinero.

Sobre la encimera, hacemos un volcán con la harina, ponemos en el centro los huevos y la sal y comenzamos a mezclar los ingredientes. Amasamos hasta que obtengamos una masa lisa y homogénea, lo que nos llevará unos 10 minutos. Dejamos reposar la masa 30 minutos a temperatura ambiente, tapada con un plástico, y así nos resultará más fácil estirarla después. Dividimos la masa en cuatro porciones y procedemos a estirar cada una de estas con un rodillo sobre una superficie enharinada, o con la máquina de hacer pasta, hasta dejarla del grosor deseado.

Si vamos a rellenar nuestra pasta casera con hierbas aromáticas, las colocamos sobre una lámina de pasta ya estirada, presionando ligeramente, y cubrimos con otra lámina. Estiramos de nuevo con el rodillo o pasamos otra vez por la máquina de pasta para que queden unidas las dos láminas. Cortamos la pasta en función del uso que le vayamos a dar. Para espaguetis, tallarines o parpadelle, una vez estirada la masa la enrollamos sin apretar como si fuese un brazo de gitano y cortamos con un cuchillo afilado tiras del grosor deseado (1 mm para espaguetis, 1 cm para tallarines, 3 cm para parpadelle). Desenrollamos las tiras y las enharinamos ligeramente para que no se peguen. En la máquina basta con pasar la lámina de pasta por el rodillo cortador deseado.

Para cocinarla, este tipo de pasta casera debe cocerse en abundante agua hirviendo durante 3-4 minutos y se mezcla inmediatamente después con la salsa que hayamos elegido.

Ingredientes para 6 personas:

- 500 g de harina
- 4 huevos
- Hierbas aromáticas: perejil, cilantro, salvia, albahaca… (opcional)
- Una cucharadita de sal

Pastel de pan, espinacas y huevo

¿Eres de los que sigue dándole vueltas a en dónde narices tendrá el ajo la cabeza y los dientes? Pues estás de suerte, porque esta receta no lleva ajo, y aunque te parezca que no, ¡incluso tú puedes prepararla!

Precalentamos el horno a 180°. Preparamos un molde apto para horno, untándolo con un poco de aceite de oliva virgen extra. Cortamos el pan en rebanadas y cubrimos con él la parte inferior del molde. No importa la colocación, se trata de que no queden huecos.

En una sartén honda ponemos a calentar el aceite restante a fuego vivo. Salteamos las espinacas ligeramente, durante unos 4 minutos. Este paso no es necesario desde el punto de vista de la cocción; es simplemente porque las espinacas frescas ocupan mucho volumen. Escurrimos bien.

Distribuimos las espinacas sobre la capa de pan que hemos preparado previamente. Cubrimos con la mayor parte del queso rallado y el beicon. Colocamos encima otra capa de rebanadas de pan. Esta vez dispondremos las rebanadas de manera armoniosa, superponiendo ligeramente unas sobre otras y formando círculos.

Batimos los huevos, añadimos la nata, salpimentamos, añadimos el resto del queso y el beicon y vertemos la mezcla sobre el pastel de pan, intentando que quede todo bien impregnado. Horneamos unos 30 minutos. Si vemos que se dora demasiado, podemos taparlo con papel de aluminio. Sacamos del horno y servimos.

Ingredientes:

- Una barra de pan duro
- 25 ml de aceite de oliva virgen extra
- 150 g de espinacas frescas
- 150 g de queso cheddar, rallado
- 70 g de beicon ahumado
- 300 ml de nata
- 4 huevos
- Sal y pimienta, al gusto

Pastel de carne

Como ya estás llegando al final del libro voy a revelarte, por fin, cuál es la receta de la felicidad. Decía Groucho Marx: "Hijo mío, la felicidad está hecha de pequeñas cosas: un pequeño yate, una pequeña mansión, una pequeña fortuna… ". Y si no, siempre puedes preparar esta pequeña receta y disfrutarla con gente a la que quieres.

Comenzamos preparando el puré. Para ello pelamos y cortamos las patatas en cuadrados. Las ponemos en un cazo, cubiertas de leche con una pizca de sal, y las cocemos hasta que estén tiernas (entre 20-30 minutos). Las escurrimos (reservando la leche de la cocción), las pasamos por un pasapurés y las mezclamos en un bol con la mantequilla y el queso parmesano rallado. Añadimos un chorrito de leche de la cocción, para que quede un puré suave, aunque tampoco demasiado líquido. Reservamos.

Pelamos y picamos las cebollas y las zanahorias. En una sartén honda ponemos a calentar el aceite a fuego fuerte. Añadimos la cebolla y la zanahoria, bajamos el fuego a medio alto y dejamos cocinar unos 10 minutos, removiendo de vez en cuando. Agregamos entonces la carne picada y un poco de sal y pimienta y la doramos. Cuando tome color, añadimos la cerveza y el tomate frito. Dejamos a fuego medio para que se reduzca el caldo, más o menos 15 minutos, hasta que quede como una pasta. Cuando esté listo, comprobamos el punto de sal y añadimos más si es necesario.

Precalentamos el grill del horno. Distribuimos la carne en pequeñas cazuelas aptas para horno. Cubrimos la carne con puré de patatas y, con un tenedor, decoramos a nuestro gusto. Gratinamos hasta que el puré esté dorado, unos 10 minutos.

Ingredientes para 6 personas:

Para el puré de patata:
- 600 g de patatas
- Leche, para cocer las patatas
- 50 g de mantequilla
- 50 g de parmesano, rallado

Para el relleno de carne:
- 50 ml de aceite de oliva virgen extra
- 2 cebollas
- 2 zanahorias
- 400 g de carne de ternera, picada
- 50 g de tomate natural triturado
- 125 ml de cerveza
- Sal y pimienta, al gusto

Pan de espárragos y jamón

Me encanta ir de picnic. Aunque confieso que los bichitos sacan lo peor de mí y suelo acabar gritando y dando saltitos ridículos para espantar alguno. Así que siempre estoy ideando maneras de llevar mis alimentos favoritos al campo y poder comerlos con una mano tranquilamente, mientras que con la otra espanto alguna avispa. Esta vez le ha tocado a unos deliciosos espárragos.

Ponemos todos los ingredientes del pan en un bol amplio, mezclamos y amasamos bien hasta obtener una masa lisa. Formamos una bola y dejamos reposar tapada con un paño durante media hora.

Precalentamos el horno a 180º y sacamos la masa del bol. Estiramos con un rodillo, formando una especie de óvalo alargado. Cubrimos la masa con tiras de jamón y en el centro colocamos los espárragos limpios. Cerramos la masa enrollándola a lo largo sobre los espárragos y dejamos el cierre hacia abajo. Colocamos el pan sobre una bandeja de horno forrada con papel vegetal. Para decorar colocamos un *stencil* o plantilla sobre el pan y espolvoreamos harina a través de un colador fino. Retiramos con cuidado la plantilla e introducimos el pan en el horno.

Horneamos unos 30 minutos, tapando con papel de aluminio al final de la cocción si se tuesta demasiado. Servimos templado o frío.

Ingredientes:

Para el pan:
- 300 g de harina de fuerza
- 50 ml de aceite de oliva virgen extra
- 150 ml de agua
- 12 g de levadura fresca
- 10 g de sal
- Una cucharadita de pimentón de la Vera

Para el relleno:
- 150 g de jamón ibérico en lonchas
- 150 g de espárragos trigueros

Equipamiento (opcional): *stencil* o plantilla para decorar el pan

Berenjenas con costra de patatas

Esta receta de berenjenas a la parmesana se prepara cocinando la berenjena antes de meterla al horno, pero yo no tengo la paciencia para ir pasando lámina a lámina la berenjena por la plancha. Solución: le pongo una capa de patatas por encima, que requiere el tiempo suficiente para que la berenjena se cocine en el horno sin cocción previa.

Lavamos las berenjenas y las laminamos longitudinalmente, preferiblemente con mandolina. Las dejamos en un bol lleno de agua con sal durante una media hora. Las sacamos, las escurrimos bien y las secamos. Mientras, cortamos la mozzarella en rodajas. Pelamos las patatas y las cortamos en láminas muy finas, también con la mandolina. No separamos las láminas de patata del todo, ya que así nos resultará más fácil colocarlas después sobre el resto de ingredientes. Reservamos.

Precalentamos el horno a 180º. En un recipiente hondo apto para horno, tipo *cocotte,* vamos formando capas con los ingredientes: primero tomate, después berenjena, a continuación la mozzarella y por último el parmesano. Repetimos de nuevo y finalizamos con una capa fina de tomate. Encima colocamos las patatas laminadas de costado, formando un círculo y procurando que estén distribuidas de manera armoniosa. Rellenamos los huecos que queden con más láminas de patata; debe quedar apretado para que se sujeten. Salamos ligeramente y añadimos un chorrito de aceite por encima de las patatas.

Horneamos durante una hora y media o 2 horas, hasta que las patatas estén hechas y crujientes. Si se tuesta demasiado, podemos taparlo con papel de aluminio. Retiramos del horno, añadimos unas hojas de albahaca fresca por encima y servimos inmediatamente. Prefiero añadir la albahaca al final porque creo que así conserva todo su sabor, pero si lo preferís podéis añadirla entre las capas de berenjena y tomate.

Ingredientes para 6 personas:

- 2 berenjenas grandes
- 200 g de mozzarella de búfala
- 600 g de tomate natural triturado
- 100 g de parmesano rallado
- 6-8 patatas medianas
- Albahaca fresca
- Aceite de oliva virgen extra
- Una pizca de sal

Solomillo de cerdo en baguette

Una receta de fondo de armario para triunfar con invitados, aunque solo tengas nivel de 1º de fabada en lata. Eso sí, ten cuidado cuando vayas a la panadería y digas: "Dame una baguette", no vaya a ser que hagas la pausa donde no debes y el panadero oiga: "Dame una, vaguete".

Precalentamos el horno a 180º. Mezclamos la mantequilla con las especias. Si usamos hierbas frescas, que sería lo ideal, las machacamos en un mortero junto con el ajo. Si no, basta con añadirlas a la mantequilla tal cual.

Embadurnamos bien el solomillo con la mantequilla aromatizada con las especias. Vamos frotándolo casi como si estuviéramos dándole un masaje. Cortamos las puntas del solomillo para adaptarlo al tamaño de nuestra barra de pan.

Con un cuchillo, cortamos la baguette longitudinalmente, haciendo un corte en V en la parte superior. Sacamos la miga (podemos reservarla para otras preparaciones) e introducimos el solomillo en la baguette. En la parte del solomillo que queda expuesta embadurnamos un poco más de mantequilla aromatizada.

Envolvemos la barra de pan con el solomillo en papel de aluminio y horneamos 20 minutos. Pasado ese tiempo, abrimos el papel de aluminio y horneamos 10 minutos más a 200º. Sacamos del horno y dejamos reposar unos 15 minutos. Se puede tomar caliente, templado o frío y ¡es ideal para ir de picnic!

Ingredientes para 4 personas:

- Un solomillo ibérico de cerdo
- Una baguette
- 100 g de mantequilla blanda
- Una cucharada de orégano
- Un diente de ajo, picado muy fino
- Una cucharadita de tomillo
- Una cucharadita de romero
- Sal y pimienta

Salmón en costra

La receta ideal para quedar bien cuando esperas invitados y no tienes ni idea de cocinar. Además podéis adaptar esta receta y prepararla con vuestro pescado favorito, y si no conseguís espinacas frescas podéis usarlas congeladas…, aunque la diferencia de sabor y textura es notable.

Precalentamos el horno a 200º. Ponemos a hervir agua en una cazuela, cocemos las espinacas a fuego medio durante 5 minutos, colamos y reservamos. Salpimentamos los lomos de salmón.

Para preparar la besamel, deshacemos en una cazuela a fuego medio la mantequilla con una cucharada de aceite de oliva. Cuando esté fundida agregamos la harina y removemos hasta tostarla ligeramente. Añadimos la leche en hilo moviendo constantemente hasta obtener una crema lisa, sin grumos y del espesor deseado (lo mejor es usar un batidor de varillas manual para eliminar los grumos).

Extendemos las láminas de hojaldre. Sobre una de ellas colocamos un montoncito con la mitad de espinacas cocidas, agregamos dos cucharadas de besamel y ponemos encima un lomo de salmón. Cortamos el hojaldre que sobre y cerramos formando un paquetito, dejando las dobleces por debajo. Procedemos igual con la otra lámina de hojaldre.

Para decorar podemos usar un rodillo de enrejado sobre la masa sobrante o cortar tiras y colocarlas cruzadas sobre los paquetitos de salmón hasta cubrirlos totalmente. Si lo deseamos, pincelamos los paquetitos de hojaldre con huevo batido. Horneamos durante unos 20 minutos y servimos.

Ingredientes para 4 personas:

- 500 g de espinacas frescas
- 2 lomos de salmón, sin piel ni espinas (unos 500 g)
- 4 cucharadas de besamel espesa
- Dos láminas de hojaldre fresco
- Sal y pimienta
- 1 huevo batido (opcional, para pintar el hojaldre)

Para la besamel:
- Una cucharada de aceite de oliva virgen extra
- 25 g de mantequilla
- 45 g de harina
- 350 ml de leche
- Sal, nuez moscada y pimienta

Índice

Tiendas recomendadas

Todos los moldes, plantillas y equipamiento necesario para preparar las recetas de este libro podéis encontrarlos en la tienda online de Maria Lunarillos tienda.marialunarillos.com

También me gustan mucho:

- La Tartienda www.latartienda.es
- El Monstruo de las Galletas www.cocinamonstruo.com
- Enjuliana www.enjuliana.com

Si os gustan las vajillas y el menaje que uso en las fotos:

- La vajilla de porcelana de Greengate, los paños, las cuberterías Sabre, los cuencos aptos para horno… podéis encontrarlo en My Home Style www.myhomestyle.es
- Los cubiertos de madera, los vasos y platos de papel, las pajitas, etc. en My little party www.mylittleparty.es y en La fiesta de Olivia www.lafiestadeolivia.com
- Las cazuelas, cocottes y minicocottes de Le Creuset: www.lecreuset.es

Si os cuesta encontrar algunos ingredientes, estos son mis sitios de referencia para los que no encuentro en tiendas locales:

- Harinas Saiz: Harinas de fuerza (y de todo tipo) totalmente artesanales y sin aditivos www.harinassaiz.com
- Frescum: flores comestibles, minivegetales, especias…www.frescum.es
- Maria Lunarillos: transfer para chocolate, papel *fondant* preimpreso, Candy Melts, manteca de cacao, *sprinkles* y decoraciones de azúcar… tienda.marialunarillos.com

Agradecimientos

A Pablo y a Jorge, porque sois mi receta de la felicidad. A mamá, porque me enseñaste a amar los libros. A papá, que me transmitiste tu sentido del humor. A Joaquín, por aguantarme y por comerte lo que cocino… ¡Reconoce que hace ya mucho que no te duele la tripa después de comer algo que haya preparado yo!

A Diana, que no solo eres la mejor editora que he tenido…, es que eres la mejor que podía haber soñado. Gracias por creer en mí y por hacer que todos creyeran en mí. Después de estas palabras espero que para el próximo libro revisemos mi porcentaje.

A Pam, de *Uno de dos,* que siempre estás ahí para todo ¡y que eres mi compi del alma! Siento no haber podido compartir contigo la gestación del libro, y espero que lo entiendas… ¡Gracias por estar siempre ahí!

A Alma, de *Objetivo Cupcake,* porque eres un amor y gracias a tu generosidad empezó esta aventura.

A Victoria García (@nomedalaganas) por tu apoyo incondicional, por contarme las historias de tu bandarra y de tu pa, por estar siempre pendiente de todo y de todos, por haber preparado más recetas mías que nadie. Por ser mi fan *number one*, a pesar de que Nigella se interponga entre nosotras.

A Verónica Serrano (@verolai) y Roseta BCN (@roseta_bcn). Os quiero. Y eso que no os conozco, pero es como si llevásemos toda la vida saliendo a dar una vuelta en escoba. Gracias por las risas y por el apoyo todo este tiempo.

A Pepinho, de *I-recetas,* que fue el primer blog de recetas que comencé a leer y probablemente tuvo mucho que ver en que me animara a empezar con mi blog. A Miriam de *Invitado de invierno,* M. Luisa de *Zerogluten,* Su de *Webos Fritos,* Carlos de *Mercado Calabajío,* Bea de *El Rincón de Bea,* Dani de *El monstruo de las Galletas,* Gustavo y Pepa de *Pepacooks,* David Monaguillo de *La parroquia 2.0,* Alfonso de *Recetas de Rechupete,* Mar y Javier de *Gastronomía & cía ,* M. Angeles de *Cook Me Tender.* Alicia de *A mí lo que me gusta es cocinar,* Espe Saavedra, Alicia de *Canecositas,* Cova de *Comoju,* Encarna Herrera, Marga de *El Puchero de Morguix,* Atina y todas las chicas de *Mundorecetas…* Y en general a todos los blogs de cocina: hacéis una gran labor para enseñar y animar a cocinar y a comer mejor. Yo aprendí a cocinar y a fotografiar leyéndoos, así que muchísimas gracias.

A mi primer profe de fotografía, Mac de *Webos Fritos:* sin ti nunca habría llegado hasta aquí, entre otras cosas me hiciste leerme el manual de la cámara por primera vez… Gracias.

A Mikel L. Iturriaga, por tu generosidad, por servirme de inspiración, por enseñarme a ser mejor blogger y a comer rabanitos y rúcula y porque para mí eres un ejemplo de honestidad y de trabajo bien hecho en el mundo gastroblogger. Yo de mayor quiero ser como tú, pero sin canas y sin lo de mayor.

Agradecimientos

A Falsarius Chef, por hacerme reír y por ayudarme a dar a conocer mi trabajo sin mandarte ni una lata de fabada, ¡mil gracias!

Y, por encima de todo,… MILES DE GRACIAS A MIS LECTORES. A María de *Los blogs de Maria,* que fue mi primera lectora. A María José de *Pasen y Degusten,* que me ha acompañado con sus recetas y sus comentarios a lo largo de estos cinco años de blog. A todos los que me habéis animado todo este tiempo como bloguera, dejando comentarios, preparando las recetas que publico… Siempre os lo digo, pero es la verdad: vosotros sois la razón de que esté aquí. GRACIAS.

A toda la gente que seguro que se me olvida y que luego me acuerdo y digo: "¡cachis!". Pero esto ya no se puede modificar porque está mandado a la imprenta, gracias y ¡perdón!

A todos estos autores, por haberme servido de inspiración y/o fuente de recetas básicas para la elaboración de este libro:

Uno de dos: www.unodedos.com
Martha Stewart: www.marthastewart.com
Libros de Thermomix España
Morgana: tartasconmagia.wordpress.com
Aandara: andaraw.blogspot.com.es
Helene Dujardin: www.tartelette.com
Carnets Parisiens www.carnetsparisiens.com
Bertinet: www.bertinet.com
I-recetas: www.pepinho.com
Amouses bouche: www.amousesbouche.fr
She Knows: www.sheknows.com